Ferruccio Canali

Die Basilika
SANTA CROCE

Unter der Schirmherrschaft der **Società di Studi Fiorentini**

180 Farbfotos
Lageplan des Monumentalkomplexes Santa Croce

LAGEPLAN DES MONUMENTALKOMPLEXES SANTA CROCE

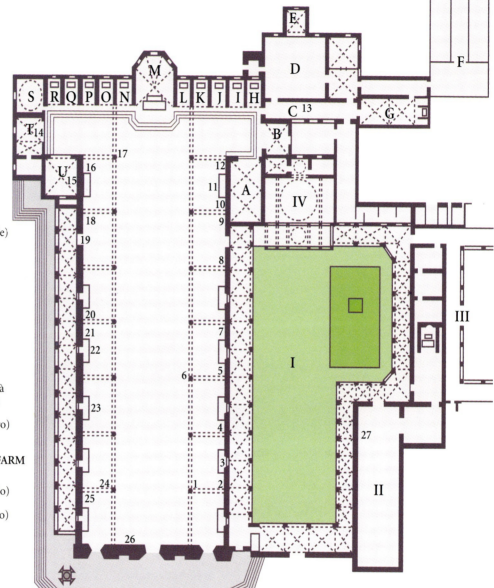

RECHTER QUERSCHIFFARM
- A Cappella Castellani
- B Cappella Baroncelli

KLOSTERTRAKT
- C Corridoio
- D Sakristei
- E Cappella Rinuccini
- F Novizentrakt
- G Novizenkapelle oder Medici-Kapelle

KAPELLEN AN DER KOPFSEITE DES QUERSCHIFFS
- H Cappella Velluti (Cappella di San Michele)
- I Cappella Calderini (Cappella Riccardi)
- J Cappella Giugni (Cappella Bonaparte)
- K Cappella Peruzzi
- L Cappella Bardi
- M Cappella Maggiore
- N Cappella Tolosini (Cappella Spinelli)
- O Cappella Benci (Cappella Capponi)
- P Cappella Ricasoli
- Q Cappella Bardi di Libertà (Cappella Pulci-Beraldi)
- R Cappella Bardi (Cappella di San Silvestro)
- S Cappella Niccolini

LINKER QUERSCHIFFARM
- T Cappella Bardi (di Vernio)
- U Cappella Salviati (Cappella di San Lorenzo)

- I   Chiostro Maggiore
- II   Museo dell'Opera di Santa Croce
- III Zweiter oder Großer Kreuzgang
- IV   Pazzi-Kapelle

---

1. Madonna del Latte
2. Grabmal für Michelangelo
3. Gang nach Golgatha (Vasari)
4. Kenotaph für Dante Alighieri
5. Grabmonument für Vittorio Alfieri
6. Kanzel (Benedetto da Maiano)
7. Grabmonument für Niccolò Machiavelli
8. Verkündigung (Donatello)
9. Grabmal für Leonardo Bruni
10. Grabmal für Gioacchino Rossini
11. Einzug Jesu in Jerusalem (Cigoli)
12. Grabmal für Ugo Foscolo
13. Monument für Bartolini
14. Holzkruzifix (Donatello)
15. Grab für Sophie Zamoyski
16. Monument für Raffaello Morghen
17. Monument für Leon Battista Alberti
18. Monument für Carlo Marsuppini
19. Orgel
20. Pietà (Bronzino)
21. Monument für Angelo Tavanti
22. Der Ungläubige Thomas (Vasari)
23. Abendmahl in Emmaus (Santi di Tito)
24. Grab für Galileo Galilei
25. Freskenzyklus (Mariotto di Nardo)
26. Grabmal für Gino Capponi
27. Kruzifix (Cimabue)

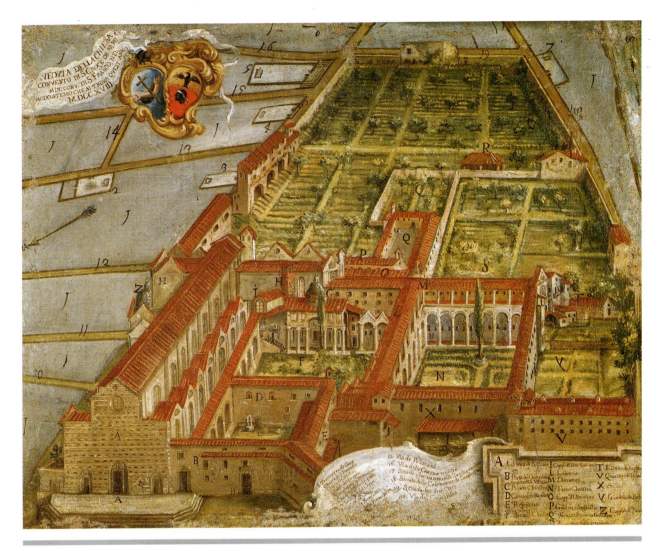

DER MONUMENTALKOMPLEX SANTA CROCE

● HISTORISCHER ÜBERBLICK

Die erste Kirche Santa Croce - die erheblich kleiner war als die heutige und von der man noch Überreste sehen kann, die nach der jüngsten Überschwemmung ans Licht traten - wurde auf einem im Vergleich zum benachbarten Zentrum tiefer liegenden Gelände gegründet und war deshalb von Anfang an verheerenden Überschwemmungen ausgesetzt (bei der jüngsten Katastrophe 1966 überschritt der Wasserpegel vier Meter). Um 1220 ließen sich Franziskaner in diesem Gebiet nieder, einem Armenviertel, in dem möglicherweise bereits eine kleine Kapelle existierte. Dieses Gelände war damals noch dünn besiedelt und lag unmittelbar hinter dem zweiten Mauerring (1173-75), der an der heutigen Via Benci-Via Verdi verlief. Im Jahr 1252 war die neue Kirche fertiggestellt. Sie war zwar wesentlich kleiner als die heutige (sie nahm in etwa nur die Breite des linken Schiffes und des äußeren Portikus ein und hatte eine Länge, die dem Raum der heutigen ersten fünf Joche entsprach), hatte jedoch den gleichen Grundriß mit ägyptischem Kreuz wie das gegenwärtige Gebäude (das heißt, mit querstehendem Gebäudeteil oder Transept am Ende des Langhauses) und war an der Rückwand mit Kapellen ausgestattet. Im Vergleich zu dem Dominikanerkomplex Santa Maria Novella, der in den gleichen Jahren entstanden war und schon bald zu einem orthodoxen Zentrum gegen die Verbreitung von Irrlehren

Oben: *Der Monumentalkomplex Santa Croce in einem Gemälde von 1718*

wurde, stellte sich das Kloster Santa Croce als Versammlungort für die Gläubigen dar, die hier anhand der Erzählungen der Wandmalereien (darin lag der didaktische Sinn der großen Zyklen) mit Fragen der Glaubenslehre konfrontiert wurden. Das Kloster entwickelte sich in kürzester Zeit zu einem pulsierenden Zentrum für das gesamte Leben der Stadt, das unter anderem auf kircheneigenem Gelände den Bevölkerungszuwachs förderte und mit Hilfe der zum Kloster gehörenden Bruderschaften die Laien in die tägliche und wöchentliche Arbeit der karitativen Einrichtungen einbezog. Darüber hinaus unterhielt es eine Reihe von Handwerkstätten. Im Jahre 1262 kaufte man ein großes Grundstück an, um die ursprüngliche Kirche zu erweitern, und 1294 wurde laut Chronik des Villani "am Tag des Heiligen Kreuzes im Mai der Grundstein gelegt für die neue Kirche der Minoritenbrüder in Florenz, die den Namen Santa Croce erhielt. .... Und mit dem Fundament sollte zuerst an der Rückseite begonnen werden, wo die Kapellen sind, da sich dort die alte Kirche befand; hier lasen die Mönche die Messe, bis die neuen Kapellen gemauert waren". Der Entwurf wird, zumindest nach Vasari, dem berühmten Architekten Arnolfo di Cambio zugeschrieben, der bereits bedeutende Bauwerke in der Stadt, unter anderem den Palazzo Vecchio, verwirklicht hatte und von dem der Entwurf für die Kathedrale Santa Maria del Fiore (1296) stammte. Arnolfo schuf, hauptsächlich mit Gemeindemitteln, eine basilikale Anlage mit drei Schiffen, von denen das mittlere breiter und im Vergleich zu den Seitenschiffen höher war, und die mit drei Portalen ausgestattet war. Nach dem Tod des Architekten im Jahr 1302 war vermutlich nur der hintere Teil mit dem Chor und den Kapellen fertiggestellt, aber 1320 war die neue Kirche bereits großenteils in Betrieb und konnte (mit Ausnahme der Fassade) 1385 vollendet werden. Doch erst 1443 erfolgte die offizielle Einweihung durch Kardinal Bessarione, in Gegenwart von Papst Eugen IV. und mit Sicherheit auch von Leon Battista Alberti, der damals Mitglied des päpstlichen Gefolges war. Zwar entbehrte die Kirche noch weiterhin der Fassade, doch prangte auf dem rauhen Mauerwerk oben eine große Strahlensonne des hl. Bernhardin, die, ebenso wie die darunter befindliche Statue des *Hl. Ludwig von Toulouse* von Donatello, die einige Jahre später in einer Nische über dem Portal aufgestellt wurde, das Gebäude voll in die neue kulturelle Strömung des Humanismus einreihte. Das Quattrocento kennzeichnete ohne Zweifel die größte Ausdehnung des gesamten Komplexes von Santa Croce mit einer ganzen Reihe von Erneuerungen und Verschönerungsarbeiten im Inneren der Basilika und, nach einem verheerenden Brand im Jahr 1423, mit dem Neubau der Klostertrakte; diese Renovierungen gipfelten im Wiederaufbau vor allem des von Cosimo und Piero de' Medici etwa ab 1440 veranlaßten, sogenannten Novizenflügels, der Klosterbibliothek und des Großen Kreuzgangs und schließlich im Bau der Pazzi-Kapelle, die 1461 zum Abschluß kam. 1504 waren die öffentlichen Mittel jedoch endgültig versiegt, so daß es wieder nicht zur Verwirklichung der Kirchenfassade kam; erst in der zweiten Hälfte des Cinquecento interessierte sich der Großherzog Cosimo erneut für die Basilika, deren Innenausstattung er großenteils erneuerte. 1551 begann man mit den Arbeiten für den Bau eines neuen Glockenturms. In den folgenden Jahrhunderten kamen nur einzelne Aufträge mit Bezug auf Grabstätten oder Kapellen zur Ausführung. Im Kielwasser des romantischen Klimas und der Freude an Ruhmesfeiern für den neuen italienischen Staat wurde der Santa Croce-Komplex erneut zum Brennpunkt zunächst der Festlichkeiten der Lothringer und später im Zusammenhang mit der Verlegung der Hauptstadt des neuen italienischen Staates nach Florenz. Die Errichtung eines neuen Glockenturms durch Gaetano Baccani im Jahre 1842, der Bau der Fassade und die Ausstattung des "italienischen Ruhmestempels" mit den Grabmonumenten der berühmten Persönlichkeiten Italiens waren Höhepunkte, die sowohl das innere wie das äußere Bild der nun auch endlich geweihten Basilika grundlegend veränderten, die in ihrer neuen Gestalt dann zu einem der hervorragendsten Baudenkmäler der Stadt und Italiens wurde.

DER PLATZ

Im Rahmen der städtischen Entwicklung von Florenz im Verlauf des 13. Jahrhunderts spielte die Tätigkeit der religiösen Orden, insbesondere der Dominikaner und Franziskaner, eine bedeutende Rolle, die im Gegensatz zu anderen Orden, die sich ein Jahrhundert zuvor hier niedergelassen hatten, von Anfang an "urban" waren, das heißt sie wählten bewußt die Stadt als Ordenssitz und nicht etwa abgelegene Gebiete in der Umgebung, wie beispielsweise die Benediktiner. Der Bau ihrer Klöster führte deshalb zu grundlegenden Veränderungen des Stadtbildes, da sie vor ihren Komplexen Plätze anlegten, die bestimmten Zwecken dienten und auf denen Märkte abgehalten wurden. So wurde die Piazza Santa Croce nach 1220 zu einem Stadtraum, der eng mit der Franziskanerkirche verknüpft war und der nicht nur einen neuen Handelsplatz beziehungsweise in weiterem Sinne einen Versammlungsort darstellte, sondern auch einen Raum für Predigten im Freien, der eine weit größere Menschenmenge aufnehmen konnte als die Kirche. Im 14. Jahrhundert veranstaltete man auf dem Platz Spiele und Turniere, unter anderem eine Reihe von Festlichkeiten, die 1469 und 1475 von Lorenzo und Giuliano de' Medici organisiert wur-

Oben: *Fassade*;
links: *Statue des Dante Alighieri* von Enrico Pazzi

Ansicht der Piazza Santa Croce; unten links: *Fassadendetail des Palazzo dell'Antella*; rechts: *der Brunnen*

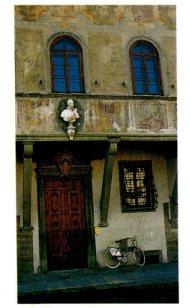

den. Ab 1530 wurde hier einmal im Jahr der Historische Fußball ("Calcio Storico") ausgetragen.

Der Platz, an dem anfangs bescheidene Wohnhäuser der unteren Vorstadtschichten standen, veränderte im Laufe der Jahrhunderte mit der wachsenden Bedeutung, die der Komplex von Santa Croce erlangte, grundlegend sein Gesicht. So entstand hier über einem Vorläuferbau der *Palazzo Cocchi Serristori* (Nr. 1, gegenüber der Basilika), den die Kunsthistoriker für ein Werk des Giuliano da Sangallo (1469-74) halten; das Ergebnis mehrerer Umbauten war auch der *Palazzo dell'Antella* (auf der rechten Platzseite) von Giulio Parigi, dessen große Fassade zwischen 1619 und 1620 in nur zwanzig Tagen mit Fresken bemalt wurde. Im 17. Jahrhundert schritt man auf Wunsch des Großherzogs zu einer Neugestaltung des ganzen Platzes, der mit Bänken und Steinsäulen (für Absperrungen) aus Pietra Serena ausgestattet wurde. 1816 wurde dann nach einer Gußform aus dem 17. Jahrhundert der Brunnen vor dem Palazzo Cocchi verwirklicht, und 1865 stellte man in der Mitte des Platzes die von dem Bildhauer Enrico Pazzi geschaffene Kolossalstatue des Dante auf, die nach der verheerenden Überschwemmung von 1966 links auf der Kirchentreppe ihren Standort fand (1972).

Der Bau der Fassade des 19. Jahrhunderts (Radierung); unten: *Fassadenmodell* nach einem Entwurf von Nicolò Matas

DER BAU DER FASSADE IM NEUNZEHNTEN JAHRHUNDERT

Die Basilika Santa Croce zeigte, ebenso wie die Kathedrale Santa Maria del Fiore und die Kirche San Lorenzo, Mitte des 19. Jahrhunderts noch eine rohe Fassade, die im Laufe der Jahrhunderte unvollendet geblieben war, da sich die Fertigstellung des Gebäudes als äußerst diffizil erwies, einmal weil für ein so kostspieliges Unternehmen oft die Geldmittel fehlten, zum anderen, weil sich der Stil und die künstlerischen Kanons geändert hatten, und nicht zuletzt aufgrund eines generellen Verarmungsprozesses, der sich in Florenz vom 14. bis 18. Jahrhundert vollzog. So konnte man noch im 19. Jahrhundert an der Fassade von Santa Croce die Verzahnung an der bisher nie verwirklichten Verkleidung erkennen. Den einzigen Giebel schmückte ein großes Rundfenster nach einem Entwurf von Ghiberti; darüber erschien ein Tondo aus Pietra Serena mit der Strahlensonne des hl. Bernhardin und dem Christus-Monogramm, zwei Elemente, die man 1437 nach einer Pestepidemie einfügte; in der unteren Zone befanden sich drei Eingänge jeweils unter Spitzbögen, von denen der mittlere höher war. Im Jahre 1460 stellte man in einer Nische die Figur des *Heiligen Ludwig* von Donatello auf, aber 1476 unterbreitete man die Frage der Vollendung der Fassade mit Nachdruck der Stadtverwaltung. Daraufhin lieferte vermutlich Cronaca einen Entwurf, von dem jedoch nur im rechten unteren Teil ein Marmorstreifen verwirklicht wurde, den man dann im 19. Jahrhundert wieder entfernte. Als Santa Croce später im 19. Jahrhundert zum "Pantheon" mit den Gräbern beziehungsweise Kenotaphen (leere Grabdenkmäler) für berühmte Persönlichkeiten Italiens erhoben wurde, drängte sich erneut der Wunsch auf, die Fassade der Kirche nach den Kanons einer "stilgerechten Restaurierung" zu vollenden.

Von oben nach unten:
Madonnenfigur in der mittleren Nische der Fassade; zwei Erzengel auf den Fialen des linken Portals

1854 begann man mit der Demolierung sämtlicher Dekorationen und Verkleidungen, die im Laufe der Jahrhunderte an der Fassade angebracht worden waren. Schon 1837 hatten der Architekt Nicolò Matas und der Bildhauer Lorenzo Bartolini dem Großherzog Leopoldo einen ersten Entwurf im Stil der Spätgotik und Renaissance unterbreitet, in dem Versuch, sich stilistisch dem Inneren der Basilika anzupassen und den ruhmreichen "italischen" Wurzeln wieder Bedeutung zu verleihen. Einige Jahre später (1842) erhielt Matas auch den Auftrag für den Entwurf der Fassade der Kathedrale Santa Maria del Fiore, und die Polemik, die nach der Vorlage seines ersten Entwurfs für die Domfassade entstanden war, überzeugte ihn von der Notwendigkeit, auch für Santa Croce ein Konzept zu entwickeln, das nicht aus allgemeinen gotischen Stilelementen bestand, sondern eine Formensprache zum Inhalt hatte, die an die rein florentinische Tradition des 14. Jahrhunderts anknüpfte. Während man für die Kathedrale in den gleichen Jahren einen Wettbewerb ausschrieb (bei dem Matas von De Fabris überrundet wurde), verzichtete man für Santa Croce auf eine Gegenüberstellung, doch bat man den Architekten eindringlich, "sich nicht von der eigenen Vorstellung leiten zu lassen, sondern die Idee zu finden oder zu erfinden", die Arnolfo di Cambio im 14. Jahrhundert vorgeschwebt hätte, das heißt "jedes persönliche Gefühl zu unterdrücken, ... und sich damit zufrieden zu geben, Abglanz, bescheidener Satellit des großen Sterns [Arnolfo] zu sein". Offenbar keine leiche Aufgabe für Matas, der angesichts der verzwickten Situation, aus der es keinen Ausweg gab, nach der Überschwemmung, die den Komplex 1844 völlig unter Wasser gesetzt hattte, behauptete, im Archiv der Basilika den ursprünglichen Entwurf von Simone Pollaiolo, Cronaca genannt, wiedergefunden zu haben. Unmittelbar danach gingen die Pläne wieder verloren, von denen Matas nach eigenen Angaben nur eine einzige Kopie anfertigen konnte. Obgleich die Zeitgenossen sehr mißtrauisch waren und die ganze Geschichte von dem glücklichen Fund für sehr unwahrscheinlich hielten, konnte Matas mit dem neuen Entwurf auch die letzten Zweifler überzeugen, denen im Grunde nur daran gelegen war, daß Santa Croce eine Fassade bekam. Im August 1857 legte Papst Pius IX., der damals in Florenz zu Besuch war, den Grundstein der neuen Fassade. Ein Unternehmen, von dem man sich auch erhoffte, daß es den handwerklichen Geist der Florentiner Renaissance-Werkstätten wiederaufleben ließ, vor allem als es um den Schnitt und die Verlegung der schwarzgrünen Marmorelemente ging, die für das florentinische Mittelalter typisch waren. Die bekanntesten Bildhauer der Stadt, aber auch die besten Schüler der Akademie der Schönen Künste, wurden von Matas aufgefordert, sich mit ihren Arbeiten an diesem Werk zu beteiligen: Michelangelo Migliarini, der als Leiter der "Statuengalerie" (Uffizien) mit seiner historischen Beratung zur Verfügung stand, Aristodemo Costoli, Professor der Akademie; Ippolito Giorgi und Luigi Fabrucci; Francesco Giovannozzi und Enrico Pazzi; bis hin zu berühmten Künstlern wie Gaetano Bianchi und Giovanni Duprè, dem - wenn auch umstrittenen - bekanntesten Florentiner Bildhauer in der Zeit von 1840 bis 1880.

Im April 1863 konnte die Fassade in Gegenwart des Prinzen Emanuel von Savoyen und sämtlicher Honoratioren der Stadt offiziell eingeweiht werden. Es fehlte nur Matas, todmüde von dem Unternehmen und noch verärgert über eine heftige Auseinandersetzung mit Giovanni Duprè. Die gesamte Kunstkritik, angefangen von Adolfo Venturi, lobte das Werk und insbesondere die Reliefs von Duprè. Im Jahre 1865, anläßlich der Hundertjahrfeier Dantes und der Verlegung der neuen Hauptstadt des geeinigten Königreiches nach Florenz, kam die Fassade endgültig zum Abschluß. Auf dem Platz errichtete man das *Dante-Denkmal* (ursprünglich in Platzmitte, heute auf der Kirchentreppe), und in den drei Portallünetten stellte man die inzwischen berühmten Flachreliefs von Giovanni Duprè auf.

BESCHREIBUNG

Die Fassade der Basilika Santa Croce - die als eines der bezeichnendsten Beispiele für den Geschmack und das künstlerische Stilempfinden des 19. Jahrhunderts gilt und in der die Absicht zum Ausdruck kommt, den mittelalterlichen Bau im Stil der Spätgotik und Renaissance zu vollenden - wurde in Zusammenarbeit einer der bekanntesten Architekten, Bildhauer und Kunstexperten der Stadt in den letzten fünfzig Jahren des neunzehnten Jahrhunderts verwirklicht. An Hand eines angeblichen Entwurfs von Cronaca aus dem 16. Jahrhundert verlieh man der Fassade einen dreigiebeligen Abschluß. Die Gebäudefläche unter den Giebeln wurde nach mittelalterlicher florentinischer Tradition durch ein dichtes Gefüge zweifarbiger Felder aus weißem und grünem Cararra-Marmor unterteilt; Bewegung erhielt die Fassade lediglich durch die drei großen reliefgeschmückten Portale, die Zwerggalerie (in Dachhöhe der Seitenschiffe und als oberer Abschluß des Mittelgiebels) und die Fialen seitlich der Giebel und Portale. Ein extrem strenger Rhythmus, der das Ergebnis eines gründlichen Studiums der Geometrie und der Proportionen war und der in der bewußten Absicht seitens des Architekten Matas, das künstlerische Empfinden Arnolfos und Cronacas weiterzutragen, eine enge Beziehung herzustellen versuchte zwischen der mittelalterlichen Struktur der Basilika und der Fassade des 19. Jahrhunderts. Eine Reihe von Intarsien beleben die strenge Struktur der zweifarbigen Marmorflächen. Insbesondere der Streifen mit dem Rautenmotiv als Abschluß über dem Mittelportal knüpft eng an das Dekorationselement der Felder an, wie sie an der romanischen Kirche San Miniato al Monte, am Kampanile von Giotto und an der Fassade der Basilika Santa Maria Novella von Leon Battista Alberti anzutreffen sind; wie auch der sechsstrahlige Stern im großen zentralen Giebel, mit dem der gesamte mittlere Teil der Fassade abschließt, stark Bezug nimmt auf mittelalterliche Vorbilder, wenn man einmal von der Strahlensonne des hl. Bernhardin absieht, die dem 15. Jahrhundert entlehnt ist.

Zahlreiche Reliefs bilden den Fassadenschmuck. In den Tondi über den vier Wandpfeilern, die jeweils die Kirchenschiffe einrahmen, erscheinen die *Kirchenväter*: der *Hl. Ambrosius*, der *Hl. Augustinus*, der *Hl. Hieronymus* und der *Hl. Bonaventura*. Von Giovanni Duprè stammt die

Oben links: *Scheibe im Giebelfeld der Fassade und Strahlensonne des hl. Bernhardin*; oben: *Erzengel auf den Fialen des rechten Portals*; nebenstehend: *rechtes Portal*

Vorausgehende Seite: *Fassade von Santa Croce*.
Oben: **Kreuzerhöhung** von Giovanni Duprè; unten: **Kreuzfindung** von Tito Sarocchi

Schmerzensmutter im Baldachin über dem Mittelportal, auch *Erlöser-Portal* genannt. Doch erwies sich die Aufstellung der Marienfigur in dieser Ädikula als keine gute Lösung, und Duprè beklagte sich schon 1872, daß die Statue wie erdrückt wirkte. In der Leibung des Hauptportals erscheinen zahlreiche Werke von Luigi Fabruzzi und Francesco Giovannozzi, und in der mittleren Lünette eine *Kreuzerhöhung*, ebenfalls von Duprè. Dieses Marmorrelief ist von großer künstlerischer Bedeutung und wurde von namhaften Kunstkritikern wie Adolfo Venturi und Alfredo Melani gelobt, insofern als sich in diesem Werk "die Seele, der Glaube und der Genius Duprès in seiner ganzen Fülle offenbaren", in dem Versuch, keine abstrakte Darstellung, sondern natürliche Figuren (in Anlehnung an Kompositionen von Beato Angelico und Raffael) zu schaffen. Das linke Portal, das sogenannte *Patriarchen-Portal*, zieren in Felder eingeschriebene Büsten von Giuliano Chiari, während das ikonographische Motiv der Lünette mit der von Tito Sarocchi di Siena geschaffenen *Kreuzfindung* von Duprè selbst stammt, der darauf bestand, daß man erkennen müßte, "daß das Kreuz von kräftigen Männern ausgegraben wird, in Gegenwart der heiligen Helene mit ihren Mägden .... aber ohne allzuviel Symmetrie".

Die Reliefs am rechten Portal, wegen der Porträts auch *Propheten-Portal* genannt, stammen hingegen von Enrico Pazzi, wogegen Emilio Zocchi für die Lünette, ebenfalls auf Anraten Duprès, die *Vision des Kreuzes* schuf. Bemerkenswert auch die reliefgeschmückten Portalpfosten, sogenannte Kandelaber, im Stil der Neorenaissance.

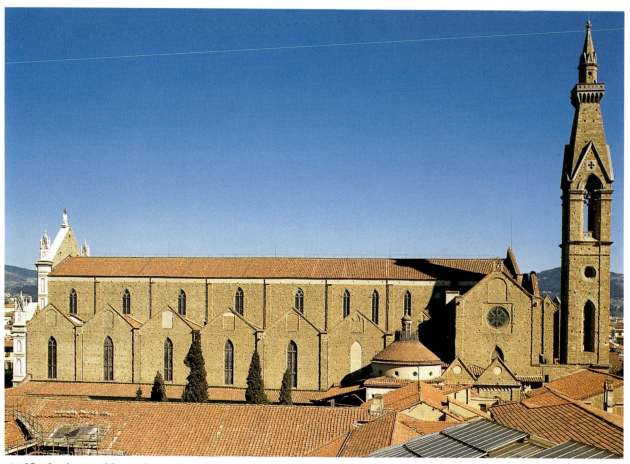

Südflanke der Basilika und Kampanile des 19. Jahrhunderts; unten: *Teilansicht*

DER KAMPANILE

Der Kampanile der Basilika kam nach einer Reihe von Schwierigkeiten erst im Jahre 1842 durch den Architekten Gaetano Baccani zur Ausführung, nachdem bereits 1512 ein Blitz den alten, mindestens seit 1462 baufälligen Glockenturm endgültig zum Einstürzen gebracht hatte. 1551 begann man auf der linken Fassadenseite mit dem Bau eines neuen Glockenturms, für den Francesco da Sangallo, der Sohn des brühmten Giuliano, den Entwurf geliefert hatte. Das Unternehmen geriet jedoch ins Stocken, und erst im 19. Jahrhundert konnte das Werk endgültig abgeschlossen werden, allerdings am Ende des Kirchenschiffes auf der rechten Seite, wo er noch heute steht. Baccani war ein Architekt, der sich eingehend mit den Formen der gotischen Baukunst seiner Stadt befaßt hatte, um sie in seinen Gebäuden in modernisierter Version wiederzuverwenden. So führte er, wie er selbst von sich sagte, für den Kampanile von Santa Croce gründliche Studien über die Struktur der florentinischen Glockentürme des 14. Jahrhunderts durch. Die Interpretation, die Baccani mit dem neuen Kampanile bietet - die Ausführung war mit vielen Schwierigkeiten verbunden, da der Turm auf dem Mauerwerk der mittelalterlichen Kapellen ruhte, ein Prinzip, das der einflußreiche Architekt Pasquale Poccianti nicht akzeptierte, der sich jedem neugotischen "Barbarismus" entgegenstellte - beweist die außergewöhnliche Fähigkeit des Architekten, die berühmten Vorbilder neu zu verarbeiten, indem er die traditionellen Ebenen von vier auf drei reduziert, die Fenster zu Einbogenöffnungen vereinfacht und einen zwar ungewöhnlichen, aber gelungenen Giebelabschluß anfügt.

Mittelschiff; unten: *Kruzifix* des "Maestro di Figline" in der Cappella Maggiore (Chorkapelle)

DAS INNERE

Das Innere der Basilika entspricht dem typischen Beispiel der italienischen Gotik beziehungsweise der Sonderform, die von den Bettelorden, zu denen die Franziskaner gehörten, übernommen worden sind. Es handelt sich um eine strenge, essentielle und schmucklose Gotik mit breitem Mittelschiff, das eine große Anzahl Gläubiger aufnehmen konnte, mit offenem Dachstuhl und schlichter Holzbalkendecke, die im Laufe der Jahrhunderte mehrmals restauriert wurde. Vasari schreibt hierzu: "Arnolfo gründete im Jahre 1294 die Kirche Santa Croce für die Minoritenmönche und gab ihr ein Mittelschiff und zwei kleinere von beträchtlicher Größe. Da wegen der zu großen Weite des Raumes die Bogen des Gewölbes nicht unter dem Dache angebracht werden konnten, so ließ er sie mit sehr richtigem Urtheil von einem Pfeiler zum anderen laufen und baute Giebeldächer darüber ..." Die gotische Formensprache tritt in Santa Croce demnach nicht so sehr in der Gliederung durch weite, auf Achteckpfeilern aus Pietra Forte ruhende Arkaden in Erscheinung (der typisch gotische Stil zeichnet sich meist durch komplexere Pfeilerkonstruktionen in Form von Bündelpfeilern aus), sondern eher in den großen Kapitellen, bei denen sich zwei im 14. Jahrhundert verwendete Arten unterscheiden lassen: Kapitelle mit tropfenförmigen, länglichen Blättern, eine sehr schlichte Form, wie sie beim ersten Pfeiler rechts zu sehen ist; und Kapitelle mit 'korinthischem' Blatt-

Vorausgehende Seite: *Blick in das Querhaus.*
Oben: *Fußbodengräber*

werk, eine mittelalterliche Abwandlung antiker klassischer Vorbilder, wie der zweite Pfeiler rechts verdeutlicht.

Über den Kapitellen spannen sich von Pfeiler zu Pfeiler weite Spitzbögen, die ganz dem gotischen Baustil entsprechen. Unmittelbar über dem Schlußstein (das heißt, dem höchsten geometrischen Punkt) der Arkaden verläuft an den Langhauswänden ein Laufgang, der sogenannte Obergaden, der, ähnlich wie der gliedernde Wandstreifen in frühchristlichen Basiliken, diese Wandzone durch eine Reihe breiter Fensteröffnungen charakterisiert.

Am Ende des Kirchenschiffs steigt dieser Laufgang über eine steile Treppe unvermittelt an und kennzeichnet somit den Zugang zu den beiden Seitenflügeln des Querschiffes, die im Vergleich zur Gesamtanlage des Komplexes fast wie getrennte Räume wirken.

In der Zeit vor dem 16. Jahrhundert stellte sich der Hauptschiffraum jedoch anders dar als heute. Dieser gewissermaßen unabhängige Teil am Ende der Kirchenschiffe, etwa auf der Höhe des vorher erwähnten Laufganges, schloß im Hauptschiff mit einer Wand ab, die, im Gegensatz zu heute, den Blick in den Chor verwehrte. An dieser Wand, die dann seitlich an den Pfeilern entlanglief (am fünften rechts und links sind noch die kleinen Sockel zu erkennen, die den Anschluß der Trennmauern bezeichneten) reihten sich Kapellen aneinander, die vermutlich als Altäre dienten und so im abschließenden Teil der Basilika einen vollkommen selbständigen, "reservierten" Raum bildeten. Es handelte sich im eigentlichen Sinn um eine Tribuna oder Apsis, die an den Hauptkörper des Kirchenschiffes angefügt war, mit einer Art "optischem Filter" zwischen dem Chorraum und dem Raum für die Gläubigen. Der von Giorgio Vasari im 16. Jahrhundert vorgenommene Eingriff im Einklang mit den Vorschriften der Gegenreform sah vor, daß diese Trennung abgeschafft und der Sakramentsraum für alle Anwesenden sichtbar gemacht würde, was bisher undenkbar gewesen war. Mit der Demolierung der Trennwände am Ende der Kirchenschiffe erfuhr die ursprüngliche Struktur der Basilika Arnolfos eine grundlegende Veränderung. Vasari errichtete im Chor einen großen vergoldeten Altar mit überkuppeltem Ziborium (das später wieder entfernt wurde), der nun zum optischen Brennpunkt der gesamten Basilika wurde.

Der Fußbodenbelag der Kirche besteht aus florentinischem Cotto, enthält aber zahlreiche Grabplatten (Bodengräber), die aufgrund des Besucherstroms zum Teil stark abgetreten sind und auf die Zeit vom 14. bis 18. Jahrhundert zurückgehen.

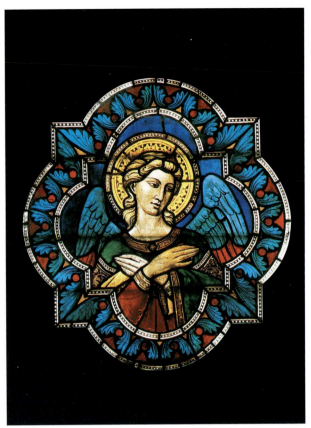 

Zwei Engel, Details der Kirchenfenster in der Cappella Maggiore; unten: *Elias auf dem Feuerwagen* von Giotto. Gegenüberstehende Seite: *Kirchenfenster mit den Heiligen Cosmas und Damian,* den Schutzheiligen der Medici, ein Werk von Alessio Baldovinetti in der Novizenkapelle.

KIRCHENFENSTER

Von großem Interesse in Santa Croce sind die breiten Kirchenfenster der Seitenschiffe. Diese vierundzwanzig Fenster wurden zwischen dem 14. und 15. Jahrhundert von Meistern geschaffen, die auch die Kirchenwände mit Fresken schmückten: die ältesten befinden sich in den Kapellen und im oberen Teil des Querschiffes; ferner im Chor drei Rundfenster mit der *Franziskuslegende*, die angeblich nach einem Karton Giottos ausgeführt wurden, vermutlich aber auf einen seiner Schüler und Taddeo Gaddi zurückgehen (Fragmente von anderen Fenstern sind im Dommuseum zu sehen). Sehenswert sind, ebenfalls im Chor, die Fenster von Agnolo Gaddi, wie auch die in der Cappella Baroncelli, während die feierlichen Figuren in den Fenstern der Cappella Bardi und der Cappella Tolosini-Spinelli fast mit Sicherheit von Giotto stammen. Ghiberti ist das Rundfenster zu verdanken, das der unvollendeten Fassade im Quattrocento ein würdiges Aussehen verlieh, während die Fenster in der Novizenkapelle wie auch die Darstellung des *Heiligen Andreas* in der Pazzi-Kapelle Werke von Alessio Baldovinetti sind. In der Basilika sind weitere wertvolle Kirchenfenster des 15. Jahrhunderts enthalten, unter anderem von Luca Signorelli, Antonio del Pollaiolo und von Granacci, einem Werkstattkollegen Michelangelos.

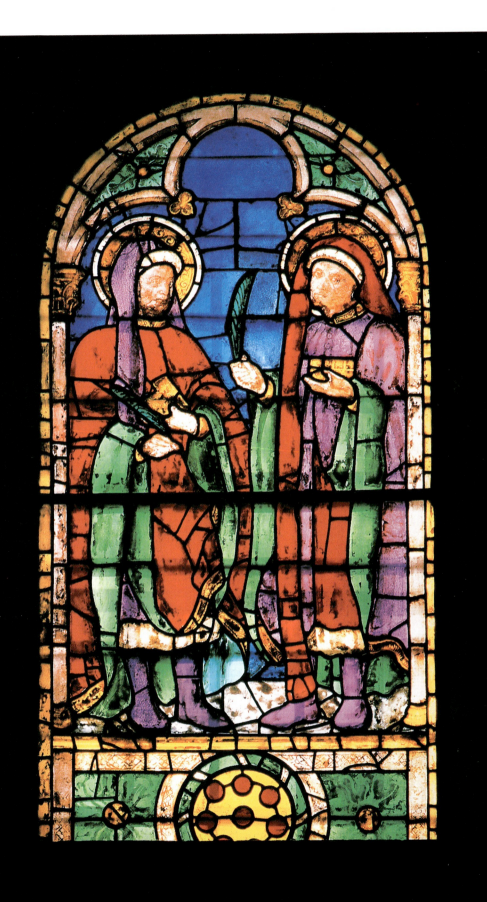

Rechts: *Madonna del Latte* von Antonio Rossellino; unten: *rechter Pfeiler*

MADONNA DEL LATTE
oder Madonna della Mandorla

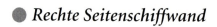

Das Relief am ersten Pfeiler rechts stellt die Jungfrau Maria mit dem Jesuskind auf dem Schoß dar, umgeben von einem Engelskranz (Mandorla), eine Darstellungsweise, die dem Geschmack der Mitte des 15. Jahrhunderts entsprach, sich jedoch an analoge mittelalterliche Kompositionen anlehnt. Es handelt sich um ein typisches Werk von Antonio Rossellino, bei dem die zarte und anmutige Reliefzeichnung der Madonnenfigur (nicht ohne Anklänge an das Werk eines anderen großen, damals wirkenden Bildhauers, Agostino di Duccio) beeindruckt. Die Komposition wurde von Antonio geschaffen, einem Bruder des berühmteren Bernardo Rossellino und Mitarbeiter Albertis, und zwar im Zuge der Erneuerung der Dekorationen, die unter dem Einfluß des schon seit 1440 verbreiteten Stilempfindens Albertis unter der Regentschaft des Lorenzo il Magnifico unmittelbar nach der Verschwörung der Pazzi (1478) vorgenommen wurde. Diese Skulptur bezeichnete das Grab des Francesco Nori, eines treuen Freundes von Lorenzo il Magnifico, der bei der Verschwörung ums Leben gekommen war, und wurde aufgrund der prunkvollen Gestaltung und aus der Sicht Lorenzos zu einem wahrhaften Siegeszeichen. Das *Madonnen-Relief* erscheint vor einem skulptierten, damastverbrämten Tuch, das sich elegant um den Pfeiler legt und zusammen mit der Bronzelampe, dem Weihwasserbecken in Form eines Schiffchens und vor allem mit der extrem schlichten Grabplatte Noris auf dem Fußboden diesen Komplex charakterisiert.

● *Rechte Seitenschiffwand*

ERSTER ALTAR

Die Altäre, mit denen die Seitenwände der Basilika geschmückt sind und deren steinerne Rahmungen zum Teil hervorragende Gemälde enthalten, gehören der Ausstattung an, die im Cinquecento im Zuge der Modernisierung und architektonischen Bereicherung der mittelalterlichen Schiffe der Basilika nach Plänen von Giorgio Vasari durchgeführt wurde. Eine Erneuerung, die den didaktischen Zyklen in Form von Gemälden den Vorzug gab, im Vergleich zu den vorhandenen Wandfresken, die demzufolge größtenteils entfernt wurden, von denen jedoch noch Spuren zu sehen sind. Jeder dieser Altäre bestand

Rechte Seitenschiffwand

nach der Beschreibung Vasaris aus zwei großen Steinsäulen, die auf anmutigen, würfelartigen Sockeln standen, mit fein gestalteten Kapitellen, die der korinthischen Ordnung angehörten, aus einem Architrav und einem krönenden Giebel, der abwechselnd rund oder dreieckig ist. Diese Altäre, die ursprünglich durch ein fortlaufendes bemaltes Gesims miteinander verbunden waren (zwei Abschnitte davon sind auf der Seite des *Michelangelo-Grabmals* noch erkennbar), betonen den straffen Rhythmus der architektonischen Schmuckelemente der Kirche. Vasari wollte damit den gesamten Schwerpunkt auf den Hochaltar verlegen, den er damals ans Ende des Kirchenschiffes stellte, nachdem die Chorwand an der Hauptkapelle abgerissen worden war, um dem Mittelschiff mehr monumentale Perspektive zu verleihen. Diese Ädikulä aus grauem Stein (Pietra Serena), die einen starken Kontrast bilden zum Weiß der Wände und der mittelalterlichen Wandgliederung aus Pietra Forte, enthalten große Gemälde, die nach einem Programm von Vincenzo Borghini, einem Intellektuellen am Hof der Mediceer, das Thema der Leidensgeschichte Christi behandeln. Diese Werke wurden von den größten Künstlern der Accademia Fiorentina del Disegno (Kunstakademie) gemalt, die hiermit ihre Rolle als Brennpunkt der vom Großherzog Cosimo de' Medici über Vasari und Borghini geförderte Hofkunst legitimiert sah.

Vorausgehende Seite: *Grabmal für Michelangelo* von Giorgio Vasari. Nebenstehende Seite: *Gang nach Golgatha* von Giorgio Vasari; unten: *Detail der Fresken neben dem Monument* von G.B. Naldini

GRABMAL FÜR MICHELANGELO

Das zwischen dem ersten und zweiten Altar aufgestellte Monument wurde im Rahmen der Renovierung der Basilika im Jahre 1570 von Giorgio Vasari entworfen. Der Sarkophag wird von den allegorischen Figuren der *Malerei* (von Battista Lorenzi, der auch die *Michelangelo-Büste* auf dem Sarkophag schuf), der *Bildhauerei* (in der Mitte, ein Werk von Valerio Cioli) und der *Architektur* von Giovanni dell'Opera eingerahmt. Das Fresko mit der *Pietà* stammt von Battista Naldini. Neben dem Michelangelo-Grab befinden sich Freskenreste, vermutlich von Domenico Ghirlandaio, die eine wenn auch vage Vorstellung von den Seitenwänden der Basilika am Ende des Quattrocento und vor den Renovierungen Vasaris vermitteln.

ZWEITER ALTAR

Über dem Altar hängt ein Leinwandbild mit dem *Gang nach Golgatha* von Giorgio Vasari. Die Szene ist dicht bevölkert mit Figuren, deren Gesten und Gewänder von einer großen Bewegung getragen werden, so daß das Werk im Vergleich zum strengen Klassizismus vieler anderer Arbeiten dieses Künstlers eher dem manieristischen Stil nahekommt.

Nebenstehend: *Kenotaph für Dante*; unten: *Allegorische Figur Italiens*, zwei Werke von Stefano Ricci

KENOTAPH FÜR DANTE

Dieses leere Grabmonument wurde 1829 von Stefano Ricci hier aufgestellt, da man dem Wunsch, den Dichter in Florenz zu bestatten, zu keiner Zeit nachgekommen war. Eine Bitte, die schon 1396 seitens der Republik an Ravenna, wo Dante verstorben war, gerichtet worden war und der auch jetzt nicht entsprochen wurde (hier sei auch erwähnt, daß sich Roberto Papini später im 20. Jahrhundert für die Errichtung des Dante-Grabmals in der romagnolischen Stadt einsetzte). Obgleich die Initiative, den bedeutenden Dichter mit einem Grabmonument zu ehren, bei vielen Intellektuellen auf große Begeisterung stieß, unter anderem bei Giacomo Leopardi, der dem Ereignis sogar ein Gedicht widmete, war die Enttäuschung bei der Enthüllung des Denkmals groß. Das Werk Riccis, der ein namhafter Vertreter der klassizistischen Lehre Canovas in der Stadt war, stieß auf heftige, wenn auch nicht deutlich ausgesprochene Kritik. Man warf dem Künstler vor, der sich an Motiven des klassischen Stils inspirierte, im Vergleich zu der damals aktuellen Neuinterpretation der lokalpatriotischen Kultur und insbesondere der Stilformen des florentinischen Quattrocento und Cinquecento kulturell veraltet zu sein. Vor allem stieß man sich daran, daß Ricci den sitzenden Dante in ein klassisches Gewand gehüllt hatte, das nicht dem Mittelalter entsprach, wie auch an der Tatsache, daß sich das allegorische Standbild der *Italia* an Vorbilder Canovas anlehnte, die fast vierzig Jahre alt waren. Auf der anderen Seite des Monumentes beweint die *Poesie* den Tod des Dichters, der 1321 in Ravenna eingetreten war.

Grabmonument für Vittorio Alfieri von Antonio Canova

GRABMONUMENT FÜR VITTORIO ALFIERI

Dieses für die neoklassische Bildhauerei bedeutende Werk, das zum Zeitpunkt seiner Entstehung in Europa großen Beifall fand, wurde von Luisa d'Albany veranlaßt, die fast zwanzig Jahre lang die Lebensgefährtin des Dichters gewesen war. Das Monument wurde von Antonio Canova im Jahre 1810 ausgeführt, obwohl ihm der Auftrag schon 1803 erteilt worden war. Canova selbst schreibt, daß es seine Absicht war, "soweit es mir möglich war, einen erhabenen und würdevollen Stil" anzuwenden, "der im Charakter des Werkes das Selbstbewußtsein und den Stolz dieses großen Dichters auszudrücken vermochte," nach dem klassischen Prinzip, in der bildhauerischen Darstellung das Wesen der Seele sichtbar zu machen. Das Monument wurde aufgrund der Kälte, die den Werken Canovas entströmte (Roberto Longhi definierte ihn sogar als einen "totgeborenen Bildhauer"), von der Kunstkritik nicht sonderlich geschätzt, auch wenn es bei der Enthüllung großen Beifall fand. Das Werk entspricht voll dem klassizistischen Geschmack des ausgehenden 18. und beginnenden 19. Jahrhunderts, der zur geometrischen Abstraktion neigte und die Suche nach reinen Formen anstrebte. Etwa in der Darstellung der betrübten *Heimat*, die Alfieri huldigt, wo der Faltenwurf des Gewandes der antiken Bildhauerkunst entnommen ist; oder in der betonten Schlichtheit der gesamten Komposition, bei der die einzige, ebenfalls rigoros behandelte Bewegung im elliptischen Verlauf des Sockels zu erkennen ist.

DIE KANZEL VON BENEDETTO DA MAIANO

Die achteckige Kanzel am dritten Pfeiler des Hauptschiffes, zu der man durch eine kostbar intarsierte Tür im rechten Schiff Zugang hat, wurde von 1472 bis 1476 von Benedetto da Maiano geschaffen. Der Künstler brachte hier ein breites Spektrum erlesener Dekorationselemente zur Anwendung und gab insbesondere seiner Vorliebe Ausdruck, verschiedenartige Materialien mit dem elfenbeinfarbigen, antikisierten Marmor zu verbinden. Benedetto hatte von Lorenzo il Magnifico auch den Auftrag für Ehrenmäler in der Kathedrale Santa Maria del Fiore erhalten. Seine Idee, die Treppe in einen Pfeiler der Basilika hineinzubauen, rief bei den Handwerkern der Bauhütte von Santa Croce nicht wenig Verwirrung hervor, da sie befürchteten, daß sich durch die Aushöhlung eines tragenden Widerlagers statische Probleme ergeben würden. Das Werk konnte schließlich ausgeführt werden, einmal, indem man den Pfeiler vergrößerte, und zum anderen dank der offiziellen Finanzierung durch den Auftraggeber Piero Mellini, "der keine noch so hohen Kosten sparte"; doch läßt die reiche Dekoration der Kanzel eher auf

Vorausgehende Seite: *Kanzel* von Benedetto da Maiano. Oben: *Kanzelrelief mit der Darstellung des hl. Franz, der die Wundmale empfängt*; oben: *Eckkonsole der Kanzel*

25

Kanzelrelief mit der Darstellung des hl. Franz vor dem Sultan;
unten: *an die klassische Urania erinnernde Skulptur im unteren Kanzelstreifen*

ein Produkt der 'Hofkunst' schließen als auf einen Privatauftrag. In den einzelnen Relieffeldern ist die *Franziskuslegende* mit den allgemein überlieferten Episoden seines Lebens dargestellt. Unter figürlichem Aspekt zeichnet sich die Darstellung im Stil des späten 15. Jahrhunderts durch die Dramatik der Szenen aus, wie sie etwa Pollaiolo oder auch Mantegna zum Ausdruck bringt; die Reliefs sind zugleich eine hervorragende Milieuschilderung, wie schon Vasari bemerkte: "...denn mit vieler Kunst hat Benedetto Bäume, Steine, Gebäude und perspektivische Gegenstände ausgehauen, einige Dinge bewundernswert losgearbeitet ..."; von großem architektonischem Interesse sind auch Details wie die festliche Halle in der *Ordensbestätigung* (erstes Relief links) oder der herrliche Sultanspalast von Babylon in der Episode *Der hl. Franziskus vor dem Sultan* (eine der gelungensten Szenen). Es folgen die Episoden *Der hl. Franz empfängt die Wundmale, Begräbnis des hl. Franz* (basilikale Anlage und Kapitelle im typischen Renaissancestil) und das *Martyrium der ersten Franziskaner*.

Grabmonument für Niccolò Machiavelli von Innocenzo Spinazzi

GRABMONUMENT FÜR NICCOLÒ MACHIAVELLI

Das Ehrenmal wurde 1787 von Innocenzo Spinazzi ausgeführt, dem die Kunstkritik seit dem neunzehnten Jahrhundert einstimmig eine wichtige Rolle im Rahmen der Produktion der florentinischen Bildhauerei der zweiten Hälfte des 18. Jahrhunderts zuschrieb, insofern als der aus Rom kommende Bildhauer, der enge Beziehungen zu Künstlern jenseits der Alpen unterhielt, dazu beigetragen hat, die spätbarocke Formensprache der Stadt zu modernisieren. Das Monument für Machiavelli, das Spinazzi in Zusammenarbeit mit anderen Florentiner Künstlern schuf, ist sicher sein berühmtestes Werk, das nach der Neuauflage der Schriften dieses Staatsmannes im 16. Jahrhundert und der sich daraus ergebenden Diskussion veranlaßt wurde. Das Grabmal Spinazzis ist höchster Ausdruck des klassizistischen Stils der Aufklärung, sowohl in der Pose der auf dem Sarkophag sitzenden allegorischen Gestalt der *Politik*, die sich an Vorbildern des 16. Jahrhunderts inspiriert, als auch was die klassischen Gesichtszüge und den medaillonartigen Schild betrifft, der wie eine Kamee wirkt und das Porträt Machiavellis enthält.

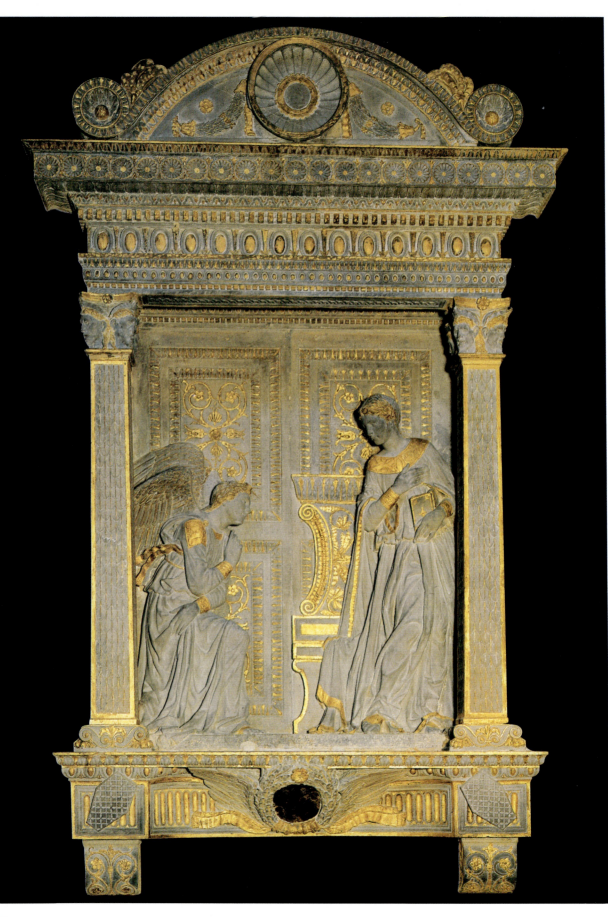

VERKÜNDIGUNG VON DONATELLO
oder Verkündigung Cavalcanti

Dieser Tabernakel ist ein Werk Donatellos und befand sich anfangs vermutlich in der ehemaligen Cavalcanti-Kapelle, die möglicherweise an der Umfassungswand des Chors Arnolfos gestanden hatte und bei der Neugestaltung durch Vasari abgerissen wurde; die Kapelle enthielt auch ein Tafelgemälde von Domenico Veneziano mit der Darstellung des *Hl. Franziskus* und des *Hl. Johannes* (heute im Museum Santa Croce). Dieser Tabernakel stellte somit eines der Hauptwerke der im 15. Jahrhundert erfolgten neuen Einrichtung der mittelalterlichen Basilika Santa Croce dar. Das Werk stammt aus der Schaffensperiode um 1435, unmittelbar nach der Auflösung der Künstlerwerkstatt Donatellos und Michelozzos. Der Trennung folgten eine zweite Reise Donatellos nach Rom und seine immer stärkere Annäherung an Leon Battista Alberti, der inzwischen zu seinen engsten Freunden zählte. Das *Verkündigungsrelief* mit der *Engelsfigur* links und der *Heiligen Jungfrau* rechts befindet sich in einer kostbar gestalteten Ädikula mit klassisch anmutenden Formen, in der die Kunstkritik in vieler Hinsicht eher ein griechisches und etruskisches als ein römisches Vorbild erblickt haben. Das gleiche gilt für die seitlichen geschuppten Pfeiler (möglicherweise inspirieren sie sich an dem klassischen Tempelchen der Clitunno-Quellen), die nicht auf einer gewöhnlichen Basis ruhen und anstelle des Kapitells vier sich gegenüberstehende Gesichter aufweisen, nach einem Vorbild, das an zahlreichen etruskischen Terrakotta-Urnen aus Chiusi anzutreffen ist. Auch die Idee, zwei Figuren in eine Ädikula zu stellen, ist der Antike entnommen und erinnert stark an griechische Stelen oder auch an römische Grabnischen. Seitlich der oberen Bekrönung hatte Donatello zwei Putten-Gruppen aus Terrakotta (heute im Museum Santa Croce) vorgesehen, die sich vermutlich an Beispielen des römischen Architekten Vitruvius inspirierten, der davon spricht, daß die Etrusker als Tempelbekrönung immer Tonreliefs verwendeten. Auch der weiche Faltenwurf der Gewänder geht nach Meinung der Kunsthistoriker auf klassische Vorbilder zurück, während Donatellos Fähigkeit, mit einfachen Gesten besondere Seelenzustände (Maria, die verwirrt aufspringt und den Kopf wendet) auszudrücken, hier in der Basilika in den Fresken Giottos Entsprechung findet. Der neue Renaissancestil ist außerordentlich empfänglich auch für bezeichnende Beispiele der Kunst des 14. Jahrhunderts, in diesem Fall die Fresken Giottos (vor allem in der analytischen und figürlichen Darstellungsweise des Malers, die sich am römischen Altertum orientiert). Bemerkenswert an diesem Tabernakel Donatellos ist ferner unten in der Mitte die geflügelte Girlande, die deutlich die Hand Leon Battista Albertis verrät; dieser Künstler war mit Sicherheit am Studium der zahlreichen Anregungen aus der Antike beteiligt, die Donatello für den Entwurf dieser Ädikula gesammelt hat. Sehr interessant ist die Tatsache, daß bei der vor kurzem vorgenommen Restaurierung des Tabernakels weiße Farbschichten entdeckt wurden, mit denen große Teile der Ädikula überzogen waren, nachdem man die ebenfalls weiße Temperafarbe aus dem 19. Jahrhundert entfernt hatte, für die man bis heute keine plausible Erklärung gefunden hatte. Sehr wahrscheinlich wollte man schon damals durch die weiße Farbe und die goldfarbenen Reflexe, die eine Marmorkomposition vortäuschen sollten, den gewöhnlichen Pietra Serena-Stein edler erscheinen lassen.

Vorausgehende Seite: *Verkündigung* von Donatello (heutiger Zustand). Nebenstehend: *Eckrelief mit Putten,* das zuvor die Nische zierte und heute im Museo di Santa Croce ausgestellt ist; unten: *Zustand der Nische vor der jüngsten Restaurierung*

GRABMAL FÜR LEONARDO BRUNI

Es handelt sich um das erste Beispiel, das vollkommen den Richtlinien der humanistischen Auffassung eines Wandgrabes in Form einer geschlossenen Ädikula mit halbkreisförmigem Bogenabschluß entsprach; ein Typus, der nach 1445-47, als dieses Beispiel von Bernardo Rossellino verwirklicht wurde, für das gesamte 15. Jahrhundert maßgebend wurde. Leonardo Bruni war von 1427 bis 1444 Kanzler der florentinischen Republik und schrieb auch ein umfangreiches Werk über die *Geschichte des florentinischen Volkes*. Er ist auf einem Relief als Liegefigur auf dem Sarkophag seiner Grabstätte im Gewand eines Redners dargestellt, als Ausdruck seiner großen Liebe und Bewunderung, die er der altrömischen Zivilisation entgegenbrachte. Ungewöhnlich für die damalige Zeit ist das dem Betrachter zugewandte, frontale Porträt, dessen hervorragend beobachtete Physiognomie die Möglichkeit nicht ausschließt, daß das Gesicht nach einem Gipsabdruck gearbeitet wurde. Das Porträt stammt vermutlich von Antonio Rossellino, während für die Gesamtkomposition in dem Anfang 16. Jahrhundert verfaßten und den Lebensbeschreibungen der Künstler gewidmeten *Buch von Antonio Billi* der Name eines Mitarbeiters von Leon Battista Alberti, Bernardo Rossellino, genannt wird. Tatsächlich wird der Entwurf dieses monumentalen Komplexes dem Kreis Albertis zugeschrieben, der ein Freund Brunis war, zumindest angesichts einer ganzen Reihe von Formeln, die dem Studium der antiken Baukunst entnommen sind. Etwa die kannelierten Wandpfeiler (Lisenen), die den zentralen Raum mit dem Sarkophag einrahmen, oder die Kapitelldekoration mit geneigten Voluten, ein Motiv, das Alberti besonders liebte.

Vorausgehende Seite: *Grabmal für Leonardo Bruni,* der Werkstatt Rossellinos zugeschrieben.
Nebenstehend: *Detail*; unten: *Detail des Eckpfeilers*; unten: *Sockelfries des Grabmals für Gioacchino Rossini* von Giuseppe Cassioli

GRABMAL FÜR GIOACCHINO ROSSINI

Im Jahre 1887 schuf der Bildhauer Giuseppe Cassioli in Anlehnung an das benachbarte *Grab des Leonardo Bruni* dieses monumentale Wandgrab. Eine Art Revival im Renaissancestil, was den Aufbau des Arkosols (Wandgrab unter Bogennische) betrifft, jedoch mit der Einfügung einer betenden Figur, die typisch für den Geschmack des 19. Jahrhunderts ist. Hier wird ein traditionelles Vorbild den neuen Zeiten und dem neuen Stilempfinden angepaßt.

Vorausgehende Seite: *Grabmal für Gioacchino Rossini* von Giuseppe Cassioli. Nebenstehend: *Einzug Jesu in Jerusalem* von Lodovico Cigoli; unten: *Grabmal für Ugo Foscolo* von Antonio Berti

SECHSTER ALTAR

Altarblatt *Der Einzug Jesu in Jerusalem* von Lodovico Cigoli (1603-1604). Das Werk dieses Malers, der hier eine Reihe leuchtender und satter Töne verwendet, verrät den starken Einfluß, den die Farbgebung Tizians auf ihn ausgeübt hat.

GRABMAL FÜR UGO FOSCOLO

Das Monument, das in Übereinstimmung mit dem Stilempfinden des 20. Jahrhunderts auf den Bau eines Grabmals im eigentlichen Sinn verzichtet und sich nur auf die Darstellung der Persönlichkeit beschränkt, wurde 1939 von Antonio Berti ausgeführt, einem Vertreter des Klassizismus, der zwar der akademischen Tradition angehört, jedoch stark vereinfachte Formen verwendet, wie auch der würfelförmige Sockel zeigt, auf dem die Figur steht.

Nebenstehend: *Cappella Castellani*; unten: *Ausschnitt aus der Lebensgeschichte Johannes' d. Täufers* von Agnolo Gaddi

● *Rechter Querschiffarm*

CAPPELLA CASTELLANI

Steigt man die Stufen hinauf, die den gesamten Chorraum umgeben, betritt man linkerhand die Cappella Castellani (Allerheiligsten-Kapelle), die Agnolo Gaddi um 1385 mit einem Freskenzyklus ausmalte. Dargestellt sind *Geschichten aus dem Leben des hl. Antonius, Johannes' d. Täufers, des Evangelisten Johannes und des hl. Nikolaus von Bari*. Im 18. Jahrhundert hat man die Wände weiß getüncht, da man der Meinung war, daß eine so reiche Wanddekoration die Liturgie stören könnte und außerdem einen zu starken Kontrast zu der schlichten Linienführung der Architektur bildete. Erst um 1870 hat man diesen kostbaren Zyklus wieder ans Licht gebracht. An der rechten Wand, im ersten Joch, sind Episoden aus dem *Leben des hl. Nikolaus* dargestellt, im zweiten Joch wird die *Geschichte Johannes' d. Täufers* erzählt. An dem Mittelpfeiler zwischen den beiden Sektoren erscheint eine verglaste Terrakotta mit der Darstellung des *Hl. Franz von Assisi*, die im 15. Jahrhundert in der Werkstatt der Della Robbia ausgeführt wurde. An der Rückwand, links vom Altar, sind Szenen aus dem *Leben des hl. Antonius d. Großen* wiedergegeben, die vermutlich ebenfalls 1385 entstanden sind. Der Künstler war Gherardo Starnina, dessen Lebensgeschichte und künstlerische Produktion in vieler Hinsicht als mysteriös gelten. Auf seinen zahlreichen Reisen hatte er jedoch die verschiedensten Kunstrichtungen kennengelernt, so daß er in Anlehnung an den Stil

Versuchung des hl. Antonius, ein Gherardo Starnina zugeschriebenes Werk;
unten: *Hl. Franz von Assisi,* emaillierte Terrakotta aus der Werkstatt der della Robbia

Giottos zu einem der namhaftesten Erneuerer der Malerei im Florenz des ausgehenden 14. Jahrhunderts wurde. Die Kapelle enthält außerdem ein bemaltes *Holzkruzifix* von Niccolò di Pietro Gerini und, darunter, einen von Mino da Fiesole im 15. Jahrhundert geschaffenen Tabernakel, dessen Flügel von zwei perspektivisch dargestellten Engelspaaren eingerahmt werden. Die Altarfront (Antependium) zeigt ein Relief mit den *Marien am Grabe* (Mitte) und zwei Engeln, die der Szene beiwohnen; bei dem Werk, das von einem Schüler des Nicola Pisano aus dem 14. Jahrhundert stammt, handelt es sich um eine beachtenswerte Arbeit der Florentiner Bildhauerei des Trecento, insofern als der Künstler sich zum einen auf die Reliefs des klassischen Altertums bezieht und zum anderen, weil insgesamt eine gewisse Dramatik im Geschehen und in der Gestik deutlich wird, die dem Stilempfinden von Nicolas Sohn, Giovanni Pisano, nahekommt. An der linken Wand der Kapelle sind weitere *Szenen aus dem Leben des hl. Antonius* und an der Arkade des Kapelleneingangs *Geschichten aus dem Leben des hl. Evangelisten Johannes* zu sehen. Am Trennpfeiler zwischen den beiden Jochen befindet sich noch eine Terrakotta der Della Robbia aus dem 15. Jahrhundert, die den *Hl. Bernhardin von Siena* darstellt, der ebenfalls in der Basilika gepredigt hatte. Die unteren Wandabschnitte enthalten einige Grabmonumente des 19. Jahrhunderts, wie das Grabmal von *Mihail Skotnicki* (das erste rechts) von Stefano Ricci aus dem Jahr 1808, einem Florentiner Künstler, der für den klassizistischen Stil Canovas - der ihn übrigens lobte - besonders empfänglich war. Ein zweites Monument von großem Interesse ist das Grabdenkmal für *Luisa Stolberg, Komtesse von Albany* (links). Das Werk, das der Erinnerung der Lebensgefährtin von Vittorio Alfieri gewidmet ist, wurde 1830 nach einem Entwurf des französischen Architekten Charles Percier ausgeführt; die Dekoration stammt von Luigi Giovannozzi, die Bildhauerarbeit von Emilio Santarelli. Da es in jeder Hinsicht dem Geschmack entsprach, der sich kurz nach der Restauration auf die Tradition des 15. Jahrhunderts zurückbesann, fand es sogleich große Zustimmung und galt als gelungenstes Beispiel des neuen Stils, der als Gegenrichtung zum Neo-Klassizismus entstanden war und sich damals 'Toskanischer Purismus' nannte. Unmittelbar den Werken des Quattrocento entnommen sind - neben der Gesamtkomposition - vor allem die Figuren der geflügelten Genien, die, ohne allzu naturalistisch zu sein, dennoch nicht jene Kälte ausstrahlen, die sonst den zeitgenössischen klassizistischen Werken vielfach anhaftete.

Rechts: *Detail des Flügelaltars mit Marienkrönung* von Giotto; unten: *Flügelaltar* von Giotto und Gehilfen. Gegenüberstehende Seite: *Cappella Baroncelli*

CAPPELLA BARONCELLI

Die Kapelle wurde von Taddeo Gaddi von 1332 bis 1338 ausgemalt, als sein Lehrer Giotto noch lebte. Der Freskenzyklus hat das *Marienleben* zum Thema und erzählt alle Ereignisse von der Geburt bis zum Tod der Jungfrau. Neu an diesen Werken ist sicher die Tatsache, daß der Künstler immer mehr von der essentiellen Darstellungsweise abrückt und in seine Schilderung sogar Details aus dem Alltag und bestimmte Seelenzustände hinneinnimmt (wie die Beratung der Heiligen Drei Könige, die ihre Skepsis nicht verbergen können, in der Szene der *Anbetung des Jesuskindes* auf dem Bild rechts gegenüber dem Eingang).

Unten rechts, ein wenig verborgen, das Grab eines Mitglieds der Familie *Baroncelli* etwa aus dem Jahr 1327, mit Giebel und gedrehten Säulchen, das Giovanni di Balduccio, einem Mitarbeiter von Tino da Camaino zugeschrieben wird.

Die Szenen, mit denen die Kapelle ausgeschmückt ist, haben (links oben beginnend) den *aus dem Tempel gewiesenen hl. Joachim*, die *Verkündigung* und weitere Szenen aus der Tradition des Evangeliums zum Inhalt. Das Hauptwerk im Rahmen dieser Fresken ist ohne Zweifel die *Vermählung der Jungfrau* (letztes Gemälde rechts an der linken Wand), wo Taddeo Gaddi sich von Giotto zu lösen und eine eigenständige künstlerische Dimension zu erreichen scheint, indem er seinen Figuren mehr Lebendigkeit und Bewegung verleiht. Bemerkenswert ist auch, wie es dem Künstler, der von seinen Zeitgenossen wegen seiner hervorragenden Fähigkeiten in der Wiedergabe von Bauwerken gelobt wurde (man verglich ihn mit den antiken Architekten Vitruv oder Dinokrates), gelang, in den Episoden der *Verweisung Joachims aus dem Tempel* und des *Tempelganges* eine große Basilika aus zwei verschiedenen Blickwinkeln von unten darzustellen.

Seite 38: *Das Marienleben*, Fresken von Taddeo Gaddi an den Wänden der Kapelle;
Seite 39: *Verkündigung an die Hirten* von Taddeo Gaddi

An der Rückwand, gegenüber dem Eingang, ist die *Verkündigung an die Hirten* zu sehen, eine künstlerisch besonders wertvolle Szene mit effektvoller nächtlicher Atmosphäre, die durch die künstliche Beleuchtung noch hervorgehoben wird; an der rechten Kapellenwand zeigt das Fresko *Die Gürtelspende* beispielhaft die Empfänglichkeit des Künstlers Bastiano Mainardi für eine Reihe künstlerischer Anregungen, die den moderneren Tendenzen der Schule Ghirlandaios entsprechen (große offene Landschaften und ein Himmel mit Engeln, die an Verrocchio erinnern).

Die Kapelle enthält auch ein großes Polyptychon mit der Darstellung der Marienkrönung; der mehrflügelige Altar mit reicher Golddekoration stammt von der Hand Giottos und wird für eines seiner Spätwerke gehalten. Es handelt sich jedoch großenteils um eine Werkstattarbeit, an der mehrere Künstler beteiligt waren, insbesondere Taddeo Gaddi, dem die Seitenbilder zugeschrieben werden, auch wenn das Gesamtwerk mit "opus Magistri Jocti" von Giotto signiert ist. Der Rahmen stammt allerdings aus dem 15. Jahrhundert.

Nebenstehend: *Weihnachtskrippe* von Taddeo Gaddi.
Gegenüberstehende Seite: *Blick in das Kreuzgewölbe*

41

Portal des 15. Jahrhunderts von Michelozzo

● *Sakristei*

EINGANGSPORTAL ZUM CORRIDOIO DEL NOVIZIATO

Man betritt den Gang, der zur Sakristei und zu der am Ende des Korridors gelegenen Medici-Kapelle oder Cappella del Noviziato führt, durch eine Tür, die Michelozzo di Bartolommeo, der Hofarchitekt Cosimos dei Medici, im 15. Jahrhundert baute. Es handelt sich um ein Portal mit außergewöhnlich kunstvoller Dekoration in Pietra Serena, die sich ganz dem Geschmack im Sinne einer Rückbesinnung auf antike Vorbilder anpaßt. Einige Kunsthistoriker vergleichen sie sogar mit einem Tabernakel, wie man sie in der Kirche Orsanmichele sehen kann (insbesondere mit der Ädikula des *Hl. Ludwig*). Das Portal besteht aus zwei kannelierten Wandpfeilern mit korinthischen Kapitellen, über denen ein Figurenfries mit Puttenköpfen und Girlanden verläuft. Als Bekrönung hat man einen Dreieckgiebel (Fronton) aufgesetzt, dessen Besonderheit darin liegt, daß er nicht steil ist wie ähnliche gotische Giebel, sondern sich an Reliefs und Ruinen der Römerzeit inspiriert. Die holzgeschnitzten und intarsierten Türflügel stammen von Giovanni di Michele, ebenfalls aus dem 15. Jahrhundert.

Zugang zur Sakristei und Novizenkapelle

ZUGANG ZUR SAKRISTEI UND NOVIZENKAPELLE

Der ebenfalls von Michelozzo geschaffene Gang wird durch drei große Fenster mit halbkreisförmigem Abschluß beleuchtet, wobei das Licht durch drei kleinere Öffnungen (Triforien) einfällt, die zwar als solche der mittelalterlichen Tradition entsprechen, jedoch deutlich die neuen Einflüsse der Renaissancebaukunst verraten, insofern, als sie oben nicht mit einem Spitzbogen, sondern mit halbrundem Bogen abschließen; vor allem weisen auch die Trennsäulen und die oben angebrachten Tondi auf wiederaufgegriffene klassische Stilelemente hin.

Dieser Korridor ist architektonisch noch aus einem anderen Grund interessant: er ist mit einem Tonnengewölbe ausgestattet, das heißt, einer Deckengestaltung, die im Gegensatz zu den traditionellen mittelalterlichen Kreuzrippengewölben um die Mitte des Quattrocento in Florenz große Mode war. Eine Art Gewölbe also, das - trotz der vielen baulichen Schwierigkeiten, die nicht immer einfach zu lösen waren - bei einer ganzen Reihe von Bauwerken angewandt wurde und für das man im Hinblick auf die engen Bezüge auf klassische Vorbilder den Rat Leon Battista Albertis einholte.

An der rechten Wand, unmittelbar nach der Eingangstür, befindet sich ein ursprünglich im **Sechsten Saal** des Klostermuseums (Museo dell'Opera) auf-

Die Sakristei; unten links: **Holzintarsie mit Blumenvase** (Detail einer Schranktür);
Sakristeischrank (Deteil der Täfelung)

Buchmalereien; unten:
Reliquiar mit der Kutte des hl. Franz von Assisi (18. Jh.)

bewahrtes Gemälde, das eine *Kreuzabnahme* von Alessandro Allori (1536-1607) darstellt. Allori war ein Schüler des Bronzino und wirkte in der zweiten Hälfte des 16. Jahrhunderts; seine Werke strahlen viel Monumentalität aus und sind mit Sicherheit von Michelangelo inspiriert.

Links der Eingang zur *Sakristei* durch ein Filippo Brunelleschi zugeschriebenes Holzportal mit geschnitzten Füllungen und Intarsien an den Seiten.

Die Sakristei ist ein großer quadratischer Raum mit Holzbalkendecke, den die Familie Peruzzi um 1340 bauen ließ. An der rechten Wand ist eine Reihe von Fresken zu sehen, unter anderem der *Gang nach Golgatha*, ein Spinello Aretino zugeschriebenes Wandgemälde; in der Mitte eine *Kreuzigung* von Taddeo Gaddi und rechts die *Auferstehung* von Niccolò Gerini; dem gleichen Künstler oder einem seiner Schüler wird auch die Himmelfahrt im oberen Wandabschnitt zugeschrieben. Es handelt sich um Fresken, die im Vergleich zu den von der Form her innovativer wirkenden Malereien der benachbarten Rinuccini-Kapelle eher traditionellen Vorstellungen entsprechen. Im unteren Wandabschnitt, wie auch in der Raummitte, befinden sich Schränke des 15. Jahrhunderts, in denen Reliquiare (unter anderem ein Stück der Kutte des hl. Franziskus), Chorbücher und Antiphonale aus dem 14. bis 17. Jahrhundert aufbewahrt werden. Bei den Türen und bei vielen Teilen dieser Schränke handelt es sich um Schnitzarbeiten von Giovanni di Michele beziehungsweise, Anfang des 16. Jahrhunderts, von Nanni Unghero, während ein Teil des Ecktisches links neben der Rinuccini-Kapelle auf das frühe Trecento zurückgeht und wahrscheinlich von einem größeren Schrank stammt, dessen verbliebene

Nebenstehend: *Kreuzigung,* Fresko von Taddeo Gaddi; unten: *Büste Christi aus emaillierter Terrakotta* von Giovanni della Robbia

Relieffelder, die Taddeo Gaddi zugeschrieben werden, heute in der Galleria dell'Accademia zu sehen sind.

An der linken Wand sind sehenswert: *Christus*, eine farbige verglaste Terrakotta-Büste von Giovanni della Robbia aus dem frühen Cinquecento und ein mit Holztüren verschlossenes Lavabo des 15. Jahrhunderts. Die meisterhaft ausgeführte Einrichtung stammt von Pagno di Lapo Portigiani (1408-1470), einem Mitarbeiter Michelozzos, der zusammen mit vielen anderen allgemein zu den Schülern Brunelleschis oder "unbekannten Künstlern" gerechnet wird und mit seinen hervorragenden Fähigkeiten diesen neuen Kunststil der toskanischen Renaissance zu verbreiten wußte, vor allem in Bologna.

Die übrigen Wände der *Sakristei* weisen eine Dekoration mit freskierten Bildfeldern in verschiedenen Farben auf, die eine kostbare Marmorinkrustation des Raumes vortäuschen sollen; wahrscheinlich handelt es sich um eine Wandgestaltung des 15. Jahrhunderts im Zusammenhang mit den Renovierungsarbeiten der Medici.

CAPPELLA RINUCCINI

Diese Kapelle mit Zugang von der Sakristei, gegenüber vom Haupteingang, schließt sich wie eine Apsis an und wurde von der Familie Guidotti in Auftrag gegeben. Man betritt die Kapelle durch ein gotisches Tor (1371) und eine große Arkade, die, wie die übrigen Wände und das Gewölbe, einen um 1365 entstandenen bedeutenden Freskenzyklus von Giovanni da Milano und eines Meisters der Schule des Orcagna aufweisen, eines noch unbekannten Künstlers, der deshalb allgemein "Meister der Rinuccini-Kapelle" genannt wird. An der rechten Kapellenwand sind Episoden aus dem *Leben der Maria Magdalena* dargestellt, die (mit Ausnahme der beiden letzten Bildfelder) alle von Giovanni da Milano geschaffen wurden. Von oben nach

Nebenstehend: *Cappella Rinuccini mit gotischem (oder neugotischem) Gitter*

Tempelgang und Vermählung der Jungfrau, ein Werk des 'Maestro della Cappella Rinuccini'; links oben: **Geburt Mariens**; links unten: **Begegnung mit der hl. Anna** (Detail) von Giovanni da Milano

unten: *Magdalena benetzt die Füße Jesu mit ihren Tränen; Die Heilige fleht zum Herrn; Die Auferstehung des Lazarus; Noli me tangere; Magdalena wohnt einem Wunder bei* (diese beiden letzten Szenen stammen vom "Meister der Rinuccini-Kapelle).

An der linken Wand ist das *Marienleben* dargestellt, ein von den Künstlern der Giotto-Schule bevorzugtes Thema, das hier aber von Giovanni da Milano ausgeführt wurde, einem lombardischen Maler, der von 1346 bis 1369 in Florenz wirkte, wo er sich aufgrund seiner Ausbildung in der Poebene deutlich von den Florentiner Künstlern unterschied. Dennoch unterliegt er den sienesischen Einflüssen anderer zeitgenössischer Künstler, indem er die naturalistischen Elemente wie auch konkrete Situationen stärker hervorhebt und zugleich der feierlichen Gestik der dargestellten Figuren Gewicht verleiht. Dazu bedient er sich leuchtender Farben wie Rot und Gelb als Kontrast zu den fleischfarbenen Hauttönen, die geeignet sind, die Vitalität der Personen zu unterstreichen. Ungewöhnlich bei diesem Zyklus ist vor allem, daß Giovanni da Milano seine Szenen bewußt in eine familiäre Umgebung einbezieht, denen die giotteske Dramatik völlig fehlt, zugunsten eines feierlich getragenen Rhythmus, der insbesondere in den zarten Frauengestalten zum Ausdruck kommt. Die Arbeit des Mailänder Malers wurde an beiden Wänden der Kapelle nicht vollendet und später vom "Meister der Rinuccini-Kapelle" wiederaufgenommen; möglicherweise handelt es sich um Giovanni Gaddi, der ebenfalls gute malerische Fähigkeiten besaß.

Von oben nach unten sind dargestellt: *Der hl. Joachim wird aus dem Tempel verwiesen,* eine Darstellung mit fein beobachteten architektonischen Details einer fünfschiffigen basilikalen Anlage mit runden Arkaden anstatt mit Spitzbögen, wie es die damalige gotische Tradition vorschrieb. Dann die *Begegnung des Engels mit der hl. Anna*; die *Geburt Mariens,* wo der schlichte Innenraum mit den kostbaren Gewändern der Mägde kontrastiert, der *Tempelgang* und die *Vermählung der Jungfrau* (in diesen Szenen ist der Meister der Rinuccini-Kapelle bemüht, sich dem Stil des Mailänder Malers anzupassen). Am Gewöl-

be erscheinen der *Erlöser* und die *Vier Propheten* und auf dem Altar ein Polyptychon von Giovanni del Biondo aus dem Jahr 1379 mit typisch gotischer Rahmung: in der *Mitte Thronende Madonna mit dem Kind*, auf der Altarstaffel (Predella) die *Anbetung der Könige*.

DER SOGENANNTE NOVIZENTRAKT DES KLOSTERS

Wo heute die Schule der Ledermanufaktur untergebracht ist, befand sich früher ein interessanter Flügel der Klosteranlage, der im 15. Jahrhundert nach Angaben Vasaris von Michelozzo im Auftrag der Medici gebaut oder erweitert wurde, wie die Familienwappen an den Gewölben verschiedener Räume beweisen. Im **Ersten Saal**, in der Lünette über der zweiten Tür, *Der hl. Franz segnet die Novizen*, ein Fresko aus der Schule des Ghirlandaio. Hinter der Tür schließt sich der lange Gang an, der, wie alle typischen Korridore im Stil Albertis, mit Tonnengewölbe ausgestattet ist und an dem die Räume liegen, die ursprünglich Mönchszellen waren; diese Räume besitzen ebenfalls Tonnengewölbe, deren Achse jedoch im Vergleich zu dem langen Mittelgang um 90° versetzt ist. Am Ende des Korridors, über der Lünette an der Kopfseite, eine *Verkündigung* aus der Schule des Ghirlandaio.

Oben: *Der Zug der Heiligen drei Könige und Anbetung der Hirten*, Mittelausschnitt aus der Predella des Flügelaltars von Giovanni del Biondo; oben: *Thronende Madonna mit Kind*, Detail des Flügelaltars von Giovanni del Biondo; nebenstehend: *Verkündigung*, ein Werk aus der Schule des Ghirlandaio

Novizenkapelle; unten: *Madonna mit Kind und Heiligen* (Ausschnitt aus dem Flügelaltar an der rechten Wand)

NOVIZENKAPELLE *oder Cappella di Piero dei Medici*

Am Ende des Ganges, der vom Querschiff der Basilika ausgeht, liegt die Novizenkapelle. Der Raum, der als privater Gebetsort für Cosimo und vor allem für seinen Sohn Piero de' Medici 1445 entstanden ist, wird von Giorgio Vasari im 16. Jahrhundert als einziges Werk des Architekten Michelozzo di Bartolomeo im Kloster Santa Croce angegeben. Die rechteckige Kapelle mit apsisartig angefügtem, kleinem Raum gegenüber dem Eingang entspricht dem gleichen Typus, den Filippo Brunelleschi bei der Alten Sakristei von San Lorenzo anwandte. Die Decke besteht aus einem Kreuzrippengewölbe, das auf Kragsteinen (in Form von Kapitellen ionischer Ordnung) ruht; eine Lösung, die wahrscheinlich auf der Befürchtung beruhte, daß die hohen Kapellenwände, die am Außenbau die angrenzenden Klosterflügel überragten, ein - wenn auch noch so zeitgemäßes - Tonnengewölbe nicht tragen konnten.

Die Kapelle enthält eine Altartafel aus verglaster Terrakotta von Andrea della Robbia etwa aus dem Jahr 1480 (also aus der Zeit des Lorenzo il Magnifico); darüber ein Fenster von Alessio Baldovinetti, der nach 1460 auch mit Antonio Rossellino in der Kapelle des Kardinals Jakob von Portugal in der Kirche San Miniato al Monte zusammengearbeitet hat. An der rechten Wand das *Grabmal für Francesco Lombardi*, das sich aus Fragmenten des 15. Jahrhunderts zusammensetzt, darunter eine *Madonna mit Kind* aus der Schule Donatellos.

Altartafel aus emaillierter Terrakotta von Andrea della Robbia; unten: *Die Erscheinung des Stiers auf dem Gargano* (Detail) vom 'Maestro della Cappella Velluti'

Nach Verlassen der Kapelle befindet sich auf dem Weg zurück zur Basilika links das Monument für Lorenzo Bartolini, das sein Schüler Pasquale Romanelli um 1850 zu Ehren des Bildhauers ausführte. Bartolini (1777-1850) war einer der hervorragendsten Florentiner Künstler seiner Zeit, der trotz seiner wenig umgänglichen und eigenbrötlerischen Art zu den Erneuerern der damaligen Kunstszene gehörte, insofern als er von dem klassizistischen Zeitgeschmack abrückte zugunsten eines Purismus, der auf dem eingehenden Studium der Florentiner Renaissance-Bildhauerei beruhte.

● *Kapellen an der Kopfseite des Querschiffs der Basilika*

CAPPELLA VELLUTI *oder Cappella di San Michele*

Die Kappelle enthält stark verblaßte Fresken eines Schülers von Cimabue, des sog. "Maestro della Capella Velluti". An der rechten Wand der *Sieg des Erzengels Michael*. An der linken Wand *Die Erscheinung des Stiers auf dem Gargano*, wo der Erzengel daraufhin eine Kirche errichten ließ. Auf dem Altar ein Polyptychon des 14. Jahrhunderts von Giovanni del Biondo mit Predella des Malers Neri di Bicci aus dem 15. Jahrhundert.

Oben links: *das Gewölbe* mit Fresken von Giovanni da San Giovanni; *Kreuzfindung* von Giovanni Bilivert; unten: *zwei Engel mit Schriftrolle*, Detail aus der Ekstase des hl. Franz von Matteo Rosselli

CAPPELLA CALDERINI *oder Cappella Riccardi*

Die Kapelle, die auch der Familie Riccardi gehört hatte, wurde Anfang des 17. Jahrhunderts von dem Architekten Gherardo Silvani (um 1620) in Zusammenarbeit mit einigen der besten Maler des florentinischen Seicento neu ausgestattet. Unter diesen Künstlern befanden sich Giovanni Mannozzi, auch Giovanni da San Giovanni genannt, der die Freskotechnik zu höchster Vollendung führte, indem er sie modernisierte, das heißt er arbeitete mit stark verdünnten Farben, die große Flächen bedeckten. Von Giovanni da San Giovanni stammen die Fresken am Gewölbe und in den Lünetten, die, wie die übrige Produktion des Malers, zu einem zuweilen volkstümlich anmutenden, lebendigen Erzählstil neigen. An der rechten Wand ein Gemälde mit der Darstellung der *Ekstase des hl. Franziskus* von Matteo Rosselli; der Künstler, in dessen Werkstatt auch Giovanni da San Giovanni lernte, gilt zusammen mit Giovanni Bilivert als der Begründer einer neuen Richtung, die wegen der starken Gefühlsbetontheit der dargestellten Figuren "melodramatischer Malstil" genannt wird. An der linken Wand ein Gemälde, *Der hl. Laurentius teilt Almosen aus*, von Domenico Passignano, einem venezianischen Künstler, der mit seinen aufwendig gestalteten, sakralen Themen dazu beitrug, das Repertoire der Andachtsbilder in der florentinischen Malerei des 17. Jahrhunderts zu bereichern.

Auf dem Altar eine Darstellung mit der *Kreuzfindung* von Bilivert.

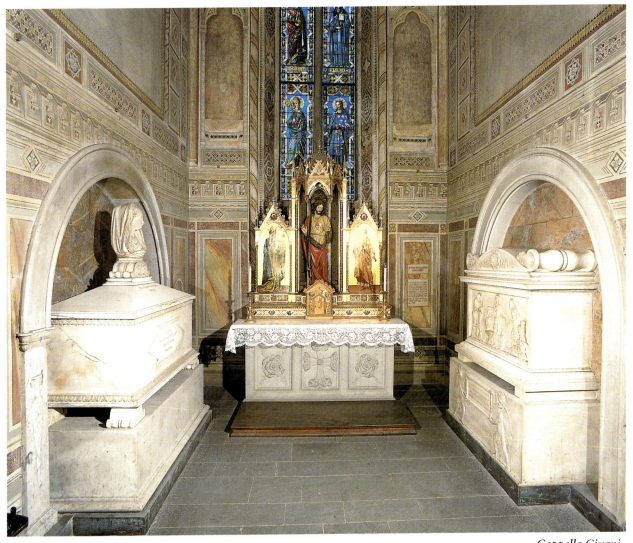

Cappella Giugni

CAPPELLA GIUGNI *oder Cappella Bonaparte*

Die Kapelle enthält das *Grab der Giulia Bonaparte Clary* (rechts) aus dem Jahr 1845, das Luigi Pampaloni schuf. Trotz der inzwischen nicht mehr aktuellen Vorliebe für typisch klassizistische Monumente verzichtete der Künstler nicht darauf, für die Aufnahme der Verstorbenen einen Sarkophag zu verwenden. Dieser Sarkophag, der im Stil der Neo-Renaissance dekoriert ist, stellt ein hervorragendes Beispiel für den Übergang zwischen zwei verschiedenen Kunstrichtungen der Stadt dar.

In der Kapelle befindet sich auch das *Grabmal für Carlotta Buonaparte* (links), das erste Werk, das Lorenzo Bartolini für die Basilika ausführte (1839). Auch Bartolini greift die Form der Urne auf, aber ein Vergleich mit dem Sarkophag des benachbarten *Grabmals für Giulia Bonaparte Clary* zeigt, daß der Bildhauer sich eingehend mit den klassischen Vorbildern und in besonderem Maße mit der Interpretation befaßt hatte, die in der Renaissance verbreitet war.

CAPPELLA PERUZZI

Vorausgehende Seite: *Cappella Peruzzi*. Oben: *Aufnahme des heiligen Evangelisten Johannes in den Himmel*, ein Werk von Giotto; unten: *Ausschnitt*

Ebenso wie in der benachbarten Bardi-Kapelle ist auch in der Peruzzi-Kapelle das Wirken Giottos sicher nachgewiesen, wenn auch in einigen Quellen von vier Kapellen die Rede ist.
Die Peruzzi-Kapelle, die wenige Jahre vor der Bardi-Kapelle im Auftrag der gleichnamigen wohlhabenden Bankiersfamilie entstanden ist, enthält einen bedeutenden Freskenzyklus, den Giotto in der Zeit seiner künstlerischen Reife, das heißt, nach seinen Erfahrungen in Assisi und Padua, ausführte. Die Szenen, die man im 18. Jahrhundert weiß übertüncht und 1852 'wiederentdeckt' hatte, wurden neu gemalt und teilweise ergänzt (Gesichter und Landschaften, welche die giotteske Atmosphäre der Kompositionen erheblich beeinträchtigt hatten). Später, nachdem man einen Großteil der Übermalungen des 19. Jahrhunderts entfernt hatte, restaurierte man die Fresken Ende der sechziger Jahre im 'Landkartenstil', das heißt man hob die originalen Teile stark hervor und entfernte alle späteren Ergänzungen; dadurch entstanden große Lücken, die an einigen Stellen das Verständnis des Zusammenhangs der Bildkomposition erschwert.
Dennoch sind die *Geschichten aus dem Leben Johannes' d. Täufers und des Evangelisten Johannes*, die auf 1317-1318 datierbar sind, im Rahmen der Entwicklung der mittelalterlichen Kunst von großer Bedeutung: Giotto hat die malerischen Ausdrucksmittel seiner Zeit grundlegend erneuert, indem er seiner Darstellung durch die Fülle an Gestalten und die plastische Wiedergabe der Gebäude Monumentalität verlieh, ohne jedoch die neuesten Errungenschaften der zeitgenössischen Malerei der Florentiner Gotik außer Acht zu lassen. Das hohe künstlerische Niveau der Komposition Giottos kommt ins-

Oben: *Das Bankett des Herodes* von Giotto. Gegenüberstehende Seite: *Das Bankett des Herodes* (Detail) von Giotto

besondere im rechten Bildteil zum Ausdruck, wo der Künstler in der Szene des *Hl. Johannes auf Patmos* (oben) zu einer außerordentlich effektvollen Verschmelzung von Himmel und Meer gelangt, in Anlehnung an die Malweise und die fein aufeinander abgestimmten Farbtöne, die Giotto erstmals in der Cappella degli Scrovegni in Padua vorgestellt hatte. Es folgt die Szene der *Auferweckung des Drusiana* mit der großen Apsis einer mittelalterlichen Basilika im Hintergrund, die aber dennoch einen wichtigen Bildteil einnimmt; beeindruckend ist auch die vortrefflich wiedergegebene Anteilnahme, die sich auf den Gesichtern der Umstehenden widerspiegelt. Die letzte Episode mit der *Aufnahme des Heiligen in den Himmel* zeigt einen nunmehr fest umrissenen architektonischen Rahmen.

Diese beiden letzten Kompositionen lassen deutlich erkennen, wie es Giotto gelingt, ein bestimmtes Moment der Erzählung hervorzuheben, indem er die Haupthandlung in den Bildmittelpunkt stellt. Der Meister gelangt hier zu neuen Ausdrucksmitteln, die den Szenen aufgrund der architektonischen Elemente eine stark betonte Monumentalität verleihen.

An der linken Wand der Kapelle sind *Episoden aus dem Leben Johannes' d. Täufers* dargestellt. Von oben nach unten: *Der hl. Zacharias erhält die Nachricht von der Geburt des hl. Johannes*; es folgen die *Geburt des Täufers* und das *Bankett des Herodes*, eine Szene, in der Giottos anfängliches Studium der Perspektive, etwa in dem großen dreidimensionalen Pavillon und vor allem in der Dreiviertelansicht (ein Thema, das die Anhänger der Giotto-Schule in Santa Croce und insbesondere Taddeo Gaddi in der Baroncelli-Kapelle bevorzugen) einen Höhepunkt des prähumanistischen Experiments erreicht.

Nebenstehend: *Die Wundmale des hl. Franz*; unten: *Hl. Ludwig,* zwei Werke von Giotto

CAPPELLA BARDI

Dieser von Giotto nach 1317 (wahrscheinlich um 1325), das heißt in der letzten Phase seines künstlerischen Schaffens gemalte Zyklus mit der *Franziskuslegende* greift ein Thema auf, das der Künstler in den letzten fünf Jahren des 13. Jahrhunderts schon in seinem großen Werk in Assisi behandelt hatte. Auch diese Fresken, die großenteils auf trockenem Verputz ausgeführt wurden und besser erhalten sind als die in der Peruzzi-Kapelle, wurden im 18. Jahrhundert weiß übertüncht und 1852 wiederentdeckt und anschließend von Gaetani Bianchi restauriert und ergänzt; Ende der sechziger Jahre hat man auch hier die Übermalungen des 19. Jahrhunderts entfernt und die in der Komposition vorhandenen Lücken belassen. Die chronologische Abfolge der schon in San Francesco dargestellten Episoden verläuft von der linken zur rechten Wand, mit einem Rhythmus, der mehr Förmlichkeit ausstrahlt im Vergleich zu den tief menschlichen Regungen der dargestellten Personen, die den gleichen Freskenzyklus in Assisi kennzeichnen.

Links oben *Die Lossagung vom Vater* zeigt noch einmal eine Dreivierteldarstellung des großen zentralen Gebäudes, das bereits deutlich von einem "klassizistischen" Stil geprägt ist (interessant ist, daß Donatello bei seinem *Relief Das Wunder des reumütigen Sohnes* für den Altar des hl. Antonius in Padua im 15. Jahrhundert den hier von Giotto verwendeten Gebäudetyp aufgreift). Es folgt die Szene *Der hl. Franz erscheint dem hl. Antonius in Arles*. Hervorragend erfaßt ist bei diesem Fresko sowohl das Erstaunen auf den Gesichtern der Mönche als auch die andachtsvolle und feierliche Haltung, die aus der Gestalt des hl. Franziskus spricht. Es handelt sich um zwei Szenen, die im Thema und

Der Tod des Heiligen; unten: *Die Vision des Bruders Augustinus und des Bischofs Guido d'Assisi* (Detail), zwei Werke von Giotto

Vorausgehende Seite: *Die Erscheinung des hl. Franz* (Detail) von Giotto. Oben: *Die Feuerprobe vor dem Sultan*; unten: *die hl. Klara*, Werke von Giotto

in der Anlage den Episoden in Assisi gleichen, doch wird in Santa Croce ein neues Raumgefühl vermittelt, von der die späte Schaffensperiode Giottos stark erfüllt ist, bis hin zur Darstellung der Kinder, die, zwar von den Müttern zurückgehalten (erstes Bildfeld), versuchen, den Heiligen mit Steinen zu bewerfen. Die Ausdrucksform Giottos erneuert sich noch einmal in dem systematischen Versuch, Licht und Farben innerhalb der Gesamtkomposition unterschiedlich zu behandeln, wobei er die Schatten und Helldunkel-Effekte genauestens beobachtet. Es folgt *Der hl. Hieronymus forscht nach den Wundmalen*, ein Gemälde, das in der Darstellung der Gesichter und Köpfe der Anhänger des heiligen Franziskus das außergewöhnliche Zartgefühl des Künstlers offenbart. Neu bei Giotto ist die Ausdruckskraft der Gestalten, des Mienenspiels und der menschlichen Regungen (die Tradition brechende Merkmale, die schon den Zyklus in Assisi kennzeichneten).

An der rechten Wand die *Bestätigung der Ordensregel* (oben), die *Feuerprobe vor dem Sultan* (Mitte), wo die Farbe als wichtige Bildkomponente ganz besonders deutlich wird in der Figur des schwarzen Dieners, der ein weißes Gewand und einen weißen Turban trägt, und schließlich die Szene mit den *Visionen des Bruders Augustinus und des Bischofs Guido von Assisi*, deren würdevolle Haltung den höchsten Ausdruck giottesker Erzählkunst darstellt.

Aus dem 13. Jahrhundert stammt das Altarblatt mit der *Franziskuslegende*.

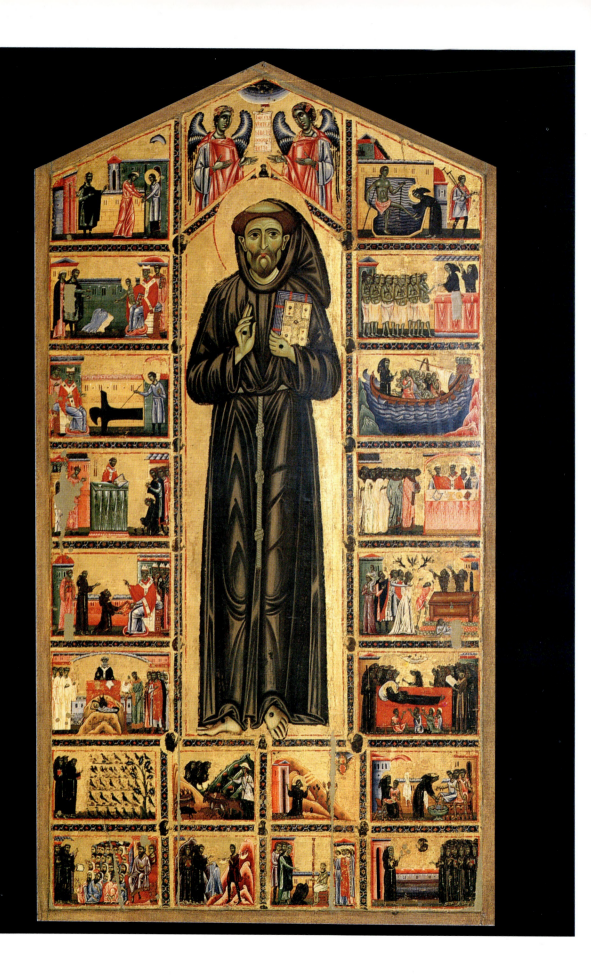

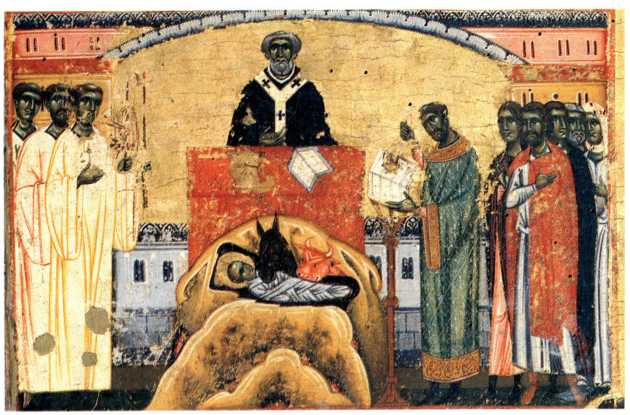

Vorausgehende Seite: über dem Altar *Tafelgemälde mit der Franziskuslegende* von Barone Berlinghieri. Oben: *Weihnachtskrippe und die Kirche*; unten: *Die Vogelpredigt*

Vorausgehende Seite: *Cappella Maggiore* (Chorkapelle).
Oben: *Heraklius zieht mit dem Kreuz in Jerusalem ein*, ein Werk von Agnolo Gaddi; unten: *Ausschnitt*

CAPPELLA MAGGIORE

Die Cappella Maggiore (früher Alberti-Kapelle), die heute den Chor der Basilika bildet und von Jacopo degli Alberti in Auftrag gegeben wurde, ist ein Raum mit polygonalem Grundriß, schirmartigem Kreuzrippengewölbe und drei großen, die Wand gliedernden Biforien. Die Anlage erinnert eher an die gotische Architektur Nordeuropas als an die italienische und insbesondere florentinische Bautradition. Der Schöpfer der Fresken dieser Kapelle und auch der Fenster ist Agnolo Gaddi (der Sohn Taddeos), der in Zusammenarbeit mit den Künstlern seiner Werkstatt um 1380 den Zyklus der *Kreuzlegende* nach der Erzählung der "Legenda Aurea" von Iacopo da Varagine verwirklichte, einer berühmten Legendensammlung aus dem Mittelalter, auf die sich auch Piero della Francesca (15. Jh.) für seine Fresken in Arezzo stützte.

Die Erzählung in Form einer Reihe knapp geschilderter Episoden, deren Personen in der typischen Mode des späten 14. Jahrhunderts gekleidet sind, doch ohne Monumentalität und ohne das Maß des giottesken Raumgefühls, beginnt oben rechts mit der Darstellung *Der hl. Michael gibt Seth einen Zweig vom Baum der Erkenntnis des Guten und des Bösen*; es folgen die Szenen mit der *Pflanzung des Zweiges auf das Grab Adams, der zu einem großen Baum aufwächst*, und der *Bau einer Brücke mit diesem Holz, das die Königin von Saba kniend verehrt und Salomo in einem Teich versenkt*; die *Israeliten bergen den Balken und machen das Kreuz Christi daraus*; die *heilige Helena findet das Kreuz*. An der linken Wand:

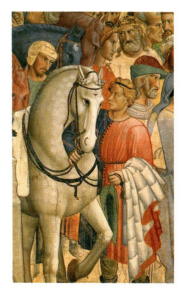

Die hl. Helena bringt das Kreuz nach Jerusalem zurück; der persische König entwendet das Kreuz; der Traum des siegreichen byzantinischen Kaisers Heraklius; Heraklius läßt den König der Perser enthaupten und zieht mit dem zurückgewonnenen Kreuz in Jerusalem ein.

Es handelt sich um eine Verneinung der Malkunst Giottos und seiner Prinzipien, in einer märchenhaften Atmosphäre, die, vor allem in der Wiedergabe der eher müde wirkenden Gestalten, mit den Vorstellungen und jüngsten Errungenschaften des Meisters der Peruzzi- und Bardi Kapelle nichts mehr gemein hat. Doch fehlt es diesen Fresken nicht an reichhaltigen Details, und die einzelnen Figuren sind äußerst genau beobachtet, was in so standardisierter Form als Karton nie wieder erreicht wurde. Unverkennbar ist auch das - wenn auch nicht voll ausgeschöpfte - Studium der räumlichen Tiefe der einzelnen Szenen.

Das (im vorigen Jahrhundert erneuerte) Polyptychon auf dem Altar zeigt die *Jungfrau Maria*, *Heilige* und *Kirchenväter* von verschiedenen Künstlern des ausgehenden 14. Jahrhunderts, während das große *Kruzifix* über dem Altar vom "Maestro di Figline" (Mitarbeiter der Giotto-Werkstatt) stammt, der sich an ein Vorbild Cimabues aus dem Jahr 1280 anlehnt.

Oben: *Die Israeliten bergen den Balken und machen das Kreuz Christi daraus,* ein Werk von Agnolo Gaddi; unten: *Die hl. Helena findet das Kreuz* (Detail)

Oben: *Polyptychon auf dem Altar*; nebenstehend: *Die hl. Helena findet das Kreuz* (Detail)

Nebenstehend: *Das Dogma der Unbefleckten Empfängnis* von Gasparo Martellini. Nebenstehende Seite: *Pietà* von Libero Andreotti

CAPPELLA TOLOSINI *oder Cappella Spinelli*

An der Außenwand der Kapelle (die zunächst der Familie Spinelli und dann der Familie Sloane gehörte) befindet sich oben ein (zum großen Teil übermaltes) Fresko des Maestro di Figline, von dem vermutlich auch das Kirchenfenster stammt. Giotto soll Quellen zufolge das Innere dieser Kapelle mit Fresken ausgemalt haben, in der heute jedoch Darstellungen von Gasparo Martellini aus dem Jahre 1837 zu sehen sind. Es handelt sich um zwei Gemälde: rechts das *Gelübde der Florentiner nach der Pest von 1633*; links das *Dogma der Unbefleckten Empfängnis*.

CAPPELLA BENCI *oder Cappella Capponi*

Die Benci-Kapelle (sie ist der hl. Anna geweiht und ging später in den Besitz der Familie Capponi über) wurde 1926 durch den Architekten Enrico Lusini zu einer Gedenkstätte für die Gefallenen des Ersten Weltkriegs umgestaltet. Sie bewahrt die Statue der *Pietà* von Libero Andreotti, die tiefe Würde und Schlichtheit ausstrahlt.
Den Auftrag erhielt Andreotti in der zweiten Phase eines Wettbewerbs mit einer Kommission, zu der u.a. auch Armando Brasini, Gustavo Giovannoni und Ugo Ojetti gehörten. Nachdem sie den Vorschlag des Architekten Raffaello Fagnoni, die Statue in der Krypta unter dem Hochaltar unterzubringen, abgelehnt hatten, teilten sie Andreotti den ersten Preis für seine "Originalität in Entwurf und Komposition" zu. Von Andreotti stammen auch die Reliefs seitlich der Kapelle.

CAPPELLA RICASOLI

Diese Kapelle ist dem hl. Antonius von Padua gewidmet und wurde 1836 radikal umgebaut. An den Wänden befinden sich Gemälde von Luigi Sabatelli und seinen Söhnen Francesco und Giuseppe mit Darstellungen der *Wunder des hl. Antonius*.

CAPPELLA BARDI DI LIBERTÀ
oder Cappella Pulci-Beraldi

Die Kapelle enthält eine Reihe von Fresken von Bernardo Daddi und Gehilfen, die etwa aus dem Jahr 1330 datieren. Daddi, der fast zwanzig Jahre lang Giottos Gehilfe war, malte die Kapelle noch zu Lebzeiten seines Meisters aus. Es ist deshalb wahrscheinlich, daß Giotto ihm einige Ratschläge gegeben hat. An der rechten Wand: das *Martyrium des hl. Laurentius*. Deutlich erkennbar ist das Bemühen des Künstlers um die von Giotto in seinen letzten Werken verwirklichten Farbvariationen, ein künstlerisches Ziel, das Bernardo Daddi anstrebt, wenn auch seine Versuche, die Szenen durch Helldunkel-Effekte und Schatten zu beleben, nicht ganz erfolgreich waren. Beachtenswert in der Darstellung sind die dynamischen Gesten der Folterer, die zu der fast hölzernen Steifheit des hl. Laurentius einen krassen Gegensatz bilden. An der linken Wand: *Verurteilung und Martyrium des hl. Stephanus*, ein Werk, in dem der typisch florentinische Stil Giottos besonders stark ausgeprägt ist. Bevor Daddi sich den Errungenschaften der zeitgenössischen sienesischen Malerei hinwendet, verwirklicht er Kompositionen von großer Ausgewogenheit, nicht allzu bewegt, aber präzise beobachtet. Damit gelingt es ihm, einen Ausgleich zu schaffen zwischen der Notwendigkeit, ein blutiges Geschehen darzustellen und zugleich Gefühlen Ausdruck zu verleihen. Auf dem Altar eine *Thronende Madonna mit Kind und dem Evangelisten Johannes*, eine verglaste Terrakottatafel von Giovanni della Robbia (15. Jh.).

Oben: *Martyrium des hl. Laurentius* (Detail) von Bernardo Daddi; rechts: *Thronende Madonna mit Kind und dem hl. Evangelisten Johannes,* Altartafel aus verglaster Terrakotta von Giovanni della Robbia

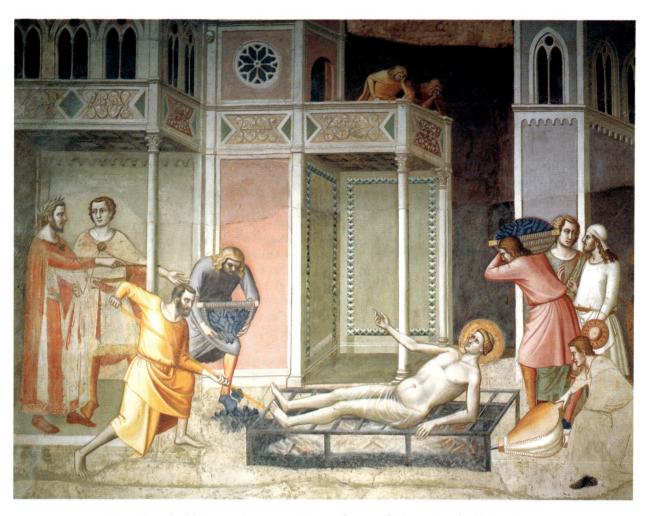

Martyrium des hl. Laurentius; unten: *Verurteilung und Martyrium des hl. Stephanus*, zwei Werke von Bernardo Daddi

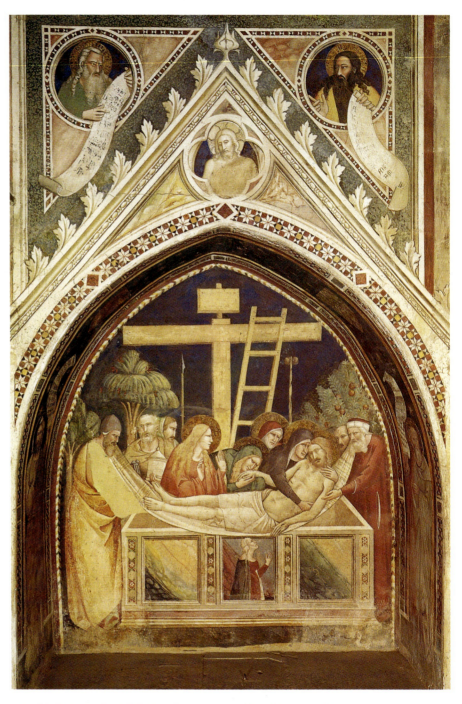

CAPPELLA BARDI *oder Cappella di San Silvestro*
(wird seit 1996 restauriert)

Die Kapelle wurde von Maso di Banco um 1340 mit Szenen aus der "Legenda Aurea" von Iacopo da Varagine ausgemalt. Die Erzählung hat die Lebensgeschichte des hl. Silvester zum Inhalt, dem der gesamte Zyklus gewidmet ist. Maso gehört, zusammen mit Taddeo Gaddi und Bernardo Daddi, zu den bedeutendsten Künstlern in dieser Phase der florentinischen Malerei, aber im Vergleich zu den beiden anderen Künstlern tritt die Lehre Giottos, dem er auch nach Neapel folgte, in seinen Kompositionen stärker hervor, vor allem in der fast rigorosen Anwendung der Symmetrie, wie sie der Meister vorschrieb, aber auch in den kaum abschattierten, reinen Farb-

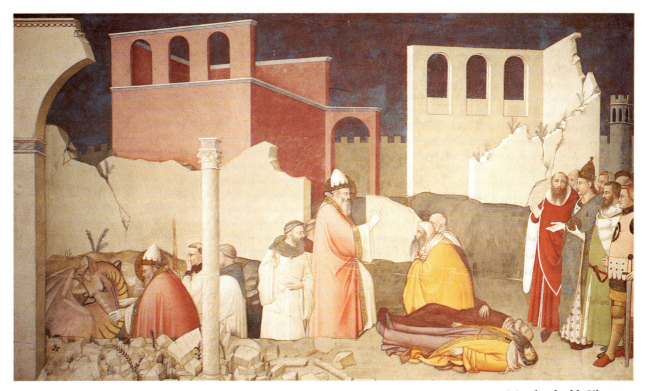

Wunder des hl. Silvester, der Rom vom Pesthauch des Drachen befreit und zwei Zauberer erweckt, Werke von Maso di Banco; unten: *Detail*

flächen, in der Behandlung der menschlichen oder architektonischen Masse, die klar in Abschnitte gegliedert wird (stereometrische Logik), wodurch ein ständiger optischer Austausch zwischen Architektur und Malerei stattfindet, der Maso zu einem getreuen Nachfolger des von Giotto in Santa Croce eingeleiteten Stils werden läßt.

An der linken Wand der *Traum Konstantins* (leider verblichen), der jedoch einem Gehilfen Masos zugeschrieben wird. Im unteren Wandabschnitt zwei gotische Grabmäler: in der Nische des ersten Grabmals, das von gewundenen Säulen und einer gotischen Ädikula getragen wird, ein Fresko mit dem *Jüngsten Gericht und kniendem Bettino de' Bardi,* das ebenfalls Maso zugeschrieben wird; in der Nische des zweiten Grabmals ein Fresko mit einer *Kreuzabnahme und Stifterin,* wahrscheinlich ein Werk von Taddeo Gaddi.

An der rechten Wand: *Der hl. Silvester tauft Kaiser Konstantin;* daran anschließend *Der Heilige erweckt einen Stier* und *Der Heilige befreit Rom vom Gifthauch des Drachen und erweckt zwei Zauberer.* Die Szene mit den Ruinen des Forum Romanum im Hintergrund macht nicht nur Giottos Interesse an den Überresten der Antike unmittelbar deutlich - etwa in den zahlreichen schmückenden Bauteilen der Ruinen oder in deren Wiederverwendung - sondern sie wird zugleich auch durch die Durchdringung der plastischen Masse und das Studium der Farben und Tonalitäten der Figuren gekennzeichnet, die ebenfalls aus speziell architektonischer Sicht gesehen werden. Beachtenswert im Vordergrund links eine freistehende Säule, deren zylindrische Form in den Gestalten des Heiligen und des Kaisers sowie in dem runden Turm des Mauergürtels im Hintergrund in einem fein ausgewogenen Spiel der kompositorischen Gegengewichte eine genaue Entsprechung findet.

Auf dem Altar ein Triptychon des ausgehenden Trecento.

Die Decke der Cappella Niccolini.
Gegenüberstehende Seite:
Blick in die Kapelle

CAPPELLA NICCOLINI

Am äußersten rechten Ende des Querschiffes befindet sich diese Kapelle, die mit einem Portal und kunstvollem Gitter des Seicento verschlossen wird. Das Portal besteht aus korinthischen Säulen, auf denen ein Fronton mit gesprengtem Bogen ruht. Die rechteckige und mit bemerkenswerter elliptischer Kuppel aus dem Jahr 1664 überwölbte Kapelle wurde 1575 bis 1584 von Giovan Antonio Dosia in einem Stil errichtet, der in der architektonischen Ordnung die Grundlage des Aufbaus des gesamten Raumes sah. Eine aus Pilastern (Wandpfeilern) gebildete, dichte Struktur gliedert die Wandflächen und rahmt die so entstandenen Felder ein, in die alle Dekorationselemente eingebunden sind. Wie die kostbar gestalteten marmornen Wandmosaiken, die eine Neuheit darstellen; oder wie die malerische Ausstattung von Alessandro Allori (mit den Gemälden *Verkündigung* und *Marienkrönung*) und die reichhaltigen Fresken von Volterrano in der Kuppel; nicht zuletzt der plastische Schmuck von Pietro Francavilla, einem Schüler Giambolognas (auf dem Grab Niccolinis sind rechts *Aaron* und links *Moses* dargestellt; in den Nischen die *Hl. Agnes*, die *Klugheit* und die *Keuschheit*). Die Kapelle ist insgesamt nach einem Architekturverständnis und dem Zusammenwirken aller Künste im Geist der Gegenreformation konzipiert, das heißt, trotz der reichhaltigen Ausgestaltung im Licht einer neuen Rigorosität, die aber nichts gemeinsam hat mit jenem seltsam bizarren Stil, dessen größter Vertreter im Florenz der zweiten Hälfte des Cinquecento Bernardo Buontalenti war.

• *Linker Querschiffarm*

CAPPELLA BARDI *(di Vernio)*

Die Bardi-Kapelle wird von einem großen Eisengitter mit mehrlappigem Bogen aus dem Jahr 1335 und auf der linken Seite von einem Grabmal der Familie Bardi (14. Jh.) verschlossen. Bemerkenswert auf dem Altar ein Holzkruzifix von Donatello, etwa aus dem Jahr 1425, das Filippo Brunelleschi kritisierte, indem er es als zu realistisch bezeichnete. Sehr interessant ist in diesem Zusammenhang der Bericht Vasaris, der sich folgendermaßen anhört: "Donato [das heißt Donatello] arbeitete mit ungewöhnlicher Mühe ein Crucifix von Holz, und als er es beendet hatte und ihm schien, er habe etwas Seltenes vollführt, zeigte er es dem Filippo Brunelleschi, seinem vertrauten Freund, um dessen Meinung zu hören. Filippo, der nach den Reden Donato's etwas viel Besseres erwartet hatte, als er vor ihm stand, lächelte ein wenig, und Donato, der dieß sah, bat ihn bei der Freundschaft, die zwischen ihnen bestand, er sollte ihm sagen, was er davon halte? - "Mir scheint", erwiederte Filippo freimütig, "du habest einen Bauern ans Kreuz geheftet, und nicht die Gestalt eines Christus, der zart gebaut und der schönste Mann gewesen ist, welcher jemals geboren wurde". Tatsächlich blieb Donatellos Realismus in der Kunstkritik jahrhundertelang Gegenstand der Bewunderung oder Ablehnung, doch stellte das Kruzifix einen Höhepunkt der künstlerischen Produktion in der florentinischen Renaissance dar.

Außerdem befinden sich in der Kapelle ein vergoldetes Ziborium, ein kunstvoller architektonischer Aufbau aus Holz nach dem Vorbild eines Rundtempels von Giorgio Vasari und zwei Engel, die ebenfalls von Vasari im 16. Jahrhundert für den (später wieder abgebauten) großen Hochaltar der Basilika geschaffen wurden.

Vorausgehende Seite:
Holzkruzifix von Donatello.
Links: *Fenster in der Kapelle*
(Ende 14. Jh.)

77

Grab für Sophie Zamoyski
von Lorenzo Bartolini

CAPPELLA SALVIATI *oder Cappella di San Lorenzo*

Die Kapelle des hl. Laurentius (auch sog. Machiavelli-Kapelle) wurde 1611 durch den Architekten Gherardo Silvani neu ausgestattet. Das Innere, das seit 1996 restauriert wird, enthält zahlreiche Grabplatten, darunter auf dem Fußboden die Grabplatte für den Philosophen Giovanni Gentile, der 1945 umkam, das *Grab für Sophie Zamoyski* (Mitte links) aus den Jahren 1837-1844, eines der hervorragendsten Werke aus der letzten Schaffensperiode von Lorenzo Bartolini. Auch hier wird der Grabtypus des 15. Jahrhunderts zum Vorbild genommen, mit der Liegefigur der Verstorbenen auf einem Bett und einem Tondo mit einer *Madonna* darüber, das sich an Rossellino inspiriert. Der Bildhauer verleiht dem Gesichtsausdruck der Verstorbenen stark naturalistische Züge, wie auch der Faltenwurf der Decke ungemein echt wirkt (der Auftraggeber äußerte besorgt seine Kritik, da er befürchtete, daß die Betrachter noch Anzeichen des Todeskampfes erkennen könnten).

Das Altarblatt mit dem *Martyrium des hl. Laurentius* stammt von dem Veroneser Maler Jacopo Ligozzi aus dem ausgehenden 16. Jahrhundert. Es handelt sich um eine Darstellung, in der die Kompositionsmodule Michelangelos noch sichtbar sind, der Maler aber auch seine Vorliebe für warme Farben und mannigfache Tonalitäten offenbart; diese Hinwendung zur Farbe ist typisch für die neue Florentiner Malweise, die im Falle von Ligozzi aufgrund seiner venezianischen Herkunft noch stärker zum Ausdruck kommt.

Links: ***Martyrium des hl. Laurentius,*** Altartafel von Jacopo Ligozzi; ***Monument für Raffaello Morghen*** von Odoardo Fantacchiotti

● *Linkes Schiff*

(mit Beginn am Querhaus)

Dies war der älteste Teil der Kirche, von dem noch Reste unter dem heutigen Fußboden erhalten sind (man kann sie besichtigen, wenn man eine kleine Treppe hinuntersteigt).

MONUMENT FÜR RAFFAELLO MORGHEN

Das Grabmal ist dem berühmten Graveur gewidmet und wurde von Odoardo Fantacchiotti 1854 nach einer zehn Jahre zuvor erstellten Skizze geschaffen. Das Monument orientiert sich an dem sogenannten toskanischen Purismus, der speziell die emblematischen Stilformen der florentinischen Kultur und Geschichte und der "goldenen Zeit" zwischen dem Quattrocento und dem Cinquecento wiederaufgriff.

Nebenstehend: *Monument für Leon Battista Alberti* von Lorenzo Bartolini; unten: *Pfingstfest* von Giorgio Vasari

MONUMENT FÜR LEON BATTISTA ALBERTI

Das auf der Höhe des Mittelschiffs errichtete Grabmal wurde von dem Bildhauer Lorenzo Bartolini zu Ehren des bedeutenden Florentiner Humanisten geschaffen, dessen sterbliche Hülle kurz nach seinem Tod (1472) verschollen war. Das Werk Bartolinis, das auf einem Dreieck aufbaut und von großer plastischer Wirkung ist, stellt in der Mitte Alberti mit entblößtem Oberkörper dar, eingerahmt von zwei allegorischen Jünglingsgestalten, die ebenfalls mit schlichten Gewändern umhüllt sind, nach einem für ein kirchliches Gebäude sehr ungewöhnlichen ikonographischen Konzept. Die starke Bewegung, die der Bildhauer in der Haltung der Personen zum Ausdruck bringt, findet eine genaue Entsprechung in den koordinierten Linien der Komposition, etwa in den vorgestellten Beinen oder in der Fackel, die der Jüngling rechts hochhält und die den (von dem sitzenden Jüngling gestützten) ausgestreckten Arm Albertis ausgleicht.

SECHSTER ALTAR

Er enthält das *Pfingstfest* von Giorgio Vasari aus dem Jahr 1568, eine Darstellung mit Maria und den Aposteln im Gebet. Das Gemälde zeigt eine klar gegliederte Landschaft, die von kreisförmigen Kompositionselementen rhythmisch unterteilt wird (wobei die Personen fast einen Kreis um Maria bilden); diese Elemente verbinden sich mit einer Dreieck-Bewegung, die durch die Richtung der wie leuchtende Blitze gegen den dunklen Hintergrund abgehobenen Strahlen des herabkommenden Heiligen Geistes noch unterstrichen wird.

MONUMENT FÜR CARLO MARSUPPINI

Das Grabmal wurde kurz nach dem Jahr 1453 von Desiderio da Settignano zu Ehren von Carlo Marsuppini (1398-1453) geschaffen. Marsuppini war der Nachfolger im Amt von Leonardo Bruni, Sekretär der florentinischen Republik und Erzieher von Piero de' Medici und Lorenzo il Magnifico. Der Bildhauer erweist sich bei diesem Denkmal als hervorragender Schüler Bernardo Rossellinos, der bereits 1445-1447 hier in Santa Croce im gegenüberliegenden Schiff das ädikulaförmige Wandgrab für Leonardo Bruni verwirklicht hatte. Nach historiographischen Quellen vor der Zeit Vasaris, der das gesamte Werk Desiderio zuschreibt, soll auch Verrocchio an der Ausführung dieses Grabmals beteiligt gewesen sein, vor allem bei der girlandentragenden Engelsfigur oben rechts von der Lünette. Aber diese Bildhauer, die den dekorativen Rahmen geschaffen haben, können letztlich nur einen Gesamtentwurf von Leon Battista Alberti umgesetzt und in eleganten Formen individuell gestaltet haben; Alberti, der ein enger Freund Marsuppinis war, gelang es zehn Jahre nach dem Monument für Bruni, eine ganze Reihe von Details einzubringen, die die Kunsthistoriker zurecht mit dem Konzept eines höchst sensiblen Szenographen in Verbindung bringen. Insbesondere einige Kunstgriffe im Entwurf sind typisch für Alberti: etwa die stark pyramidale, in die Höhe strebende Bewegung, die von dem gesamten Sockel mit harmonisch aufeinander abgestimmten Stufen ausgeht. Der elegante Sarkophag ist mit feinsten Volutendekorationen geschmückt, mit denen die Löwenfüße eingerahmt sind. Darüber steht ein schuppenartig verzierter Sarkophag, der an römische Vorbilder aus der Zeit Hadrians und Antonius' anknüpft. Daß Alberti mit Sicherheit der Entwurf der Grabanlage zuzuschreiben ist, geht ferner aus einer Reihe von Elementen hervor, die das Monument in besonderem Maß kennzeichnen: die oben aufgestellte große Vase, an deren Henkeln zwei Girlanden hängen, finden eine direkte Parallele am Beipiel des Tempio Malatestiano in Rimini; dann die Kapitelle der beiden Wandpfeiler (Lisenen), die das Monument einrahmen, mit jenen doppelten Voluten, die für die Formensprache Albertis typisch sind; und schließlich die große Muschel unter dem Sarkophag mit den großen geflügelten Federn, die einmal mehr Albertis Vorliebe für die Verwendung von Emblemen und symbolischen Stilelementen dieser Art bezeugen (die Muschel hier als Metapher der Seele, wobei die Flügel speziell die Flüchtigkeit des Daseins versinnbildlichen). Was das Gewand und das Gesicht des Verstorbenen betrifft, so gelangt Desiderio da Settignano hier zu höchstem Ausdruck seiner Kunst.

Detail des Eckpfeilers

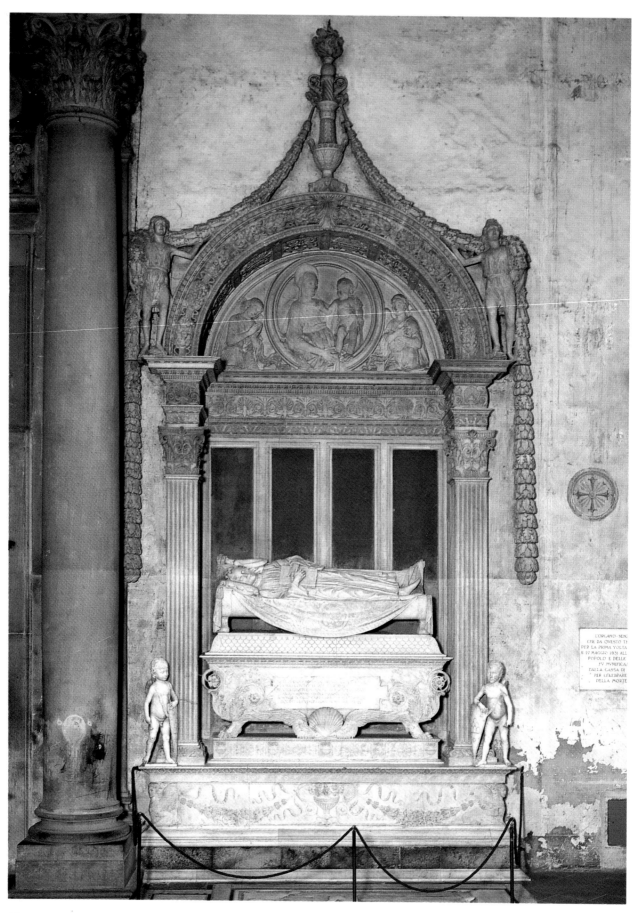

Vorausgehende Seite: *Monument für Carlo Marsuppini*, ein Werk von Desiderio da Settignano. Nebenstehend: *Orgel* von Noferi da Cortona

NEBENAUSGANG UND NÖRDLICHE LOGGIA

Über der Tür befindet sich eine monumentale Orgel von Noferi da Cortona aus dem Jahr 1579. Links der Orgel ein Fresko mit der *Himmelfahrt Mariens*, die Agnolo Gaddi zugeschrieben wird. Durch die Tür erreicht man die äußere Loggia an der linken Seite der Basilika, wo früher zahlreiche Gräber standen (die zur Zeit restauriert werden). Das einzige dort verbliebene Monument ist das *Grabmal für Francesco Pazzi*, das von einem Schüler des Tino da Camaini im 14. Jahrhundert ausgeführt wurde. Interessant sind zweifellos die aus der Antike aufgegriffenen Frauenfiguren (Karyatiden), die den Sarkophag tragen; auf dem Sarkophag erscheinen drei in geometrischen Reliefs enthaltene Figuren in typisch gotischem Stil (der gleiche Stil kehrt ein Jahrhundert später auch an den Reliefs der Baptisteriumstür wieder).

FÜNFTER ALTAR

Wieder in der Basilika, erreicht man den **Fünften Altar**. Hier befindet sich ein Gemälde mit der Darstellung der *Himmelfahrt Christi*, ein Werk des Flamen Jan van der Straet, eines Meisters der Gobelinkunst, der in den Werkstätten der Mediceer arbeitete und den Beinamen Stradano trug. Das Gemälde stammt aus dem Jahr 1569 und läßt deutlich die nordische Ausbildung des Malers erkennen, die sowohl in der präzise überlegten Farbgebung der gesamten, in diffuses Licht getauchten Komposition als auch in den verschiedenen Erscheinungsformen der sorgfältig beoabachteten Natur zum Ausdruck kommt, wie das knorrige Strauchwerk im Vordergrund zeigt. Auch hier wird die dreieckige Bildkomposition mit dem Christushaupt an der Spitze aufgelöst durch die beiden halbkreisförmigen Linien, die oben von der Engelsschar gebildet wird, während die untere von der welligen Bewegung des Bodens unter den Füßen der *Madonna* und der *Apostel* gebildet wird.

PIETÀ

Das an der Wand befestigte Gemälde ist Agnolo di Cosimo, genannt Bronzino, einem Schüler Pontormos und Hofmaler der Medici, zu verdanken. Es handelt sich um eines der bedeutendsten Werke, die zum Zeitpunkt der Neuausstattung durch Vasari im Cinquecento in der Basilika Aufnahme fanden. Die Darstellung beeindruckt durch die Farbschattierungen des Körpers Christi, der einen starken Kontrast bildet zu dem dunklen Hintergrund, aus dem Maria und der Putto auftauchen. Die äußerst effektvolle Komposition drückt auf hervorragende Weise die Dramatik der Szene aus, bleibt jedoch erhaben und entspricht dem Geist der Gegenreformation, den der Mediceerhof der damaligen Zeit verfolgte. Bei diesem Gemälde kommen die typischen Merkmale der Kunst Bronzinos, etwa in der überdimensionalen Christusfigur, zur Geltung.

MONUMENT FÜR ANGELO TAVANTI

Das Grabmal für Tavanti, Minister des Großherzogs Pietro Leopoldo, der den Bildhauer Ignazio Pellegrini aus Rom kommen ließ, wurde 1773 fertiggestellt. Bei dieser Komposition wollte der Architekt Salvetti, der als Koordinator auftrat, die Typologie des Pyramidengrabmals verwenden, die in jenen Jahren Mode war und angesichts des klassizistischen Zeitgeschmacks viel Zustimmung fand. An antiken Vorbildern inspiriert sich die Dekoration des strigilierten Sarkophags, ein Werk von Francesco und Angelo Giovannozzi, und das Medaillon mit dem Porträt Tavantis, das Pellegrini wie eine klassische Kamee verzierte.

VIERTER ALTAR

Der *Ungläubige Thomas* von Giorgio Vasari

DRITTER ALTAR

Gemälde mit dem *Abendmahl in Emmaus* von Santi di Tito, der von dem dramatischen und komplizierten Geschmack des florentinischen Manierismus endgültig abrückt und sich einem rigoroseren, gegenreformatorischen Geist näherkommenden Stil hinwendet. Damit gelangt der Künstler erneut zu jenem sogenannten 'friedlichen' Realismus, der für die Malerei des Quattrocento typisch ist. Das hindert ihn aber nicht daran, seinen Gestalten - wenn auch im Rahmen einer extrem straffen Komposition - Bewegung zu verleihen, die vor allem in den ausladenden Armgesten zum Ausdruck kommt.

Vorausgehende Seite: *Pietà* von Bronzino. Nebenstehend, oben: *Der ungläubige Thomas* von Giorgio Vasari; unten: *Abendmahl in Emmaus* von Santi di Tito

Auferstehung von Santi di Tito

ZWEITER ALTAR

Auferstehung von Santi di Tito

GRABMAL FÜR GALILEO GALILEI

Das von Giulio Foggini 1564 entworfene Grabmal wurde erst im 18. Jahrhundert vollendet. Die *Büste* des berühmten Astronomen und die Allegorie der *Astronomie* (links) stammen von Giovan Battista und Vincenzo Foggini, während die Gestalt der *Geometrie* (rechts) ein Werk von

Grab für Galileo Galilei

Gerolamo Ticciati aus dem Jahr 1737 ist, das heißt dem Jahr, in dem die sterbliche Hülle Galileos endlich in diesem Grab Aufnahme finden konnte. Der Rhythmus der Komposition wird durch eine zentrale Symmetrieachse bestimmt, die von der Büste des Wissenschaftlers und der Neigung der beiden genau sich entsprechenden Figuren seitlich des Sarkophags ausgeht.

Zwei Ausschnitte aus dem Mariotto di Nardo zugeschriebenen Freskenzyklus: *Kreuzigung, Himmelfahrt und Jesus erscheint seiner Mutter*; unten: *Innenfassade*.
Gegenüberstehende Seite: *Grabmal für Gino Capponi* von Antonio Bortone

KREUZIGUNG, HIMMELFAHRT UND JESUS ERSCHEINT SEINER MUTTER

Es handelt sich um Reste eines großen Freskenzyklus, der Mariotto di Nardo zugeschrieben wird und auf Anfang des 15. Jahrhunderts datierbar ist. Diese Fragmente vermitteln einen Eindruck von der Dekoration der Wände dieser Basilika im späten 14. Jahrhundert.

ERSTER ALTAR

Der Altar birgt eine *Kreuzabnahme* von Giovan Battista Naldini, aus der deutlich die Vorliebe des Künstlers für eine gebeugte Körperhaltung seiner Figuren erkennbar ist, angefangen von einer der Mariengestalten im Vordergrund über den Körper Christi - die Schlüsselfigur der Komposition - bis hin zu den beiden gekreuzigten Verbrechern im Hintergrund.

● *Innenfassade*

GRABMAL FÜR GINO CAPPONI

Bemerkenswert an der inneren Fassade, neben dem Hauptportal, das Grabmonument für Gino Capponi, das der Bildhauer Antonio Bortone 1884 schuf. In der Komposition vereinigt sich die Typologie des Wandgrabes im Stil der Neo-Renaissance, auf der Spitze die Büste des Patrioten, mit einer schönen *Florenz* symbolisierenden Statue, die einen Kranz auf den Sarkophag des Verstorbenen legt (man beachte in der allegorischen Anspielung den Liliensaum an dem weiten Gewand). Die mit fein beobachteten Details ausgeführte Statue belebt den Komplex und verleiht ihm einen stark plastischen und dreidimensionalen Charakter; damit entspricht das Grabmal ganz den rigorosen Vorstellungen des sogenannten toskanischen Purismus der Neo-Renaissance.

CHIOSTRO MAGGIORE

Nach Verlassen der Kirche betritt man links den Chiostro Maggiore oder Ersten Kreuzgang, der jedoch bis 1870 von einem später abgetragenen, langgestreckten Gebäudetrakt in zwei Bereiche geteilt war. Auf der linken Seite verläuft ein Säulengang (14. Jh.), in dem man heute (in den Erdgeschoßräumen) einen Großteil der aus dem alten Friedhof stammenden Grabsteine des 19. Jahrhunderts untergebracht hat, wogegen unter dem eigentlichen Säulengang die Wappensammlung zu sehen ist.

Die Rückseite nimmt die Pazzi-Kapelle ein, und rechts befindet sich das ehemalige Refektorium, heute Klostermuseum (Museo dell'Opera di Santa Croce); die angrenzenden Klostergebäude beherbergen das heutige Refektorium, die Ehrentreppe von Michelozzo (sie verbindet die Säle mit der Basilika) und die Bibliothek, ebenfalls von Michelozzo.

Im Kreuzgang rechts hinter dem Museumsflügel steht die Marmorstatue *Gottvater*, die Baccio Bandinelli 1549 für den Hochaltar im Dom geschaffen hatte: eine etwas gedrungene Darstellung, bei der die Bewegung von Arm und Knie eine Art Chiasmus (Überkreuzung der Kompositionselemente) entstehen läßt, wie man ihn an antiken Statuen findet, wenn auch gewöhnlich bei Standfiguren.

Vorausgehende Seite: In der kolossalen *Figur des Gottvater*, die Baccio Bandinelli (1549) zusammen mit seinem Lieblingsschüler Vincenzo de' Rossi ausführte, kommt die vollkommene Synthese der verschiedenen künstlerischen Impulse zum Ausdruck, die der Bildhauer im Verlauf seiner Studien dem Hellenismus, der zeitgenössischen Bildhauerkunst Donatellos und Michelangelos bis hin zu den Werken von Andrea del Sarto entnommen hat.
Oben: *der Chiostro Maggiore*; nebenstehend: *Detail eines Kapitells in der Pazzi-Kapelle*

Nebenstehend: *Großes Refektorium*; unten: *Kruzifix* von Cimabue (nach der Restaurierung). Gegenüberstehende Seite: *Detail des Kruzifixes* von Cimabue, unmittelbar nach der Überschwemmung am 4. November 1966

MUSEO DELL'OPERA DI SANTA CROCE

Das Museum befindet sich in einem alten Gebäudeteil des Klosters, der ursprünglich als Refektorium und andere Zwecke benutzt wurde. Die Ausstellung nimmt sechs Säle ein, die großenteils abgelöste Fresken aus der Basilika aus der Zeit vom 14. bis 17. Jahrhundert enthalten. Das Museum wurde 1959 eröffnet, dann nach der Überschwemmung von 1966, die den in Santa Croce aufbewahrten Kunstwerken großen Schaden zugefügt hat, erneut geschlossen und 1975 wieder eröffnet (viele Werke werden jedoch zur Zeit noch restauriert). Unter den Exponaten befinden sich einige Werke, die für die Kunstgeschichte von großer Bedeutung sind.

ERSTER SAAL

Bei dem großen Saal aus der ersten Hälfte des Trecento handelt es sich um das ehemalige Refektorium der Mönche (von daher die hohen, schmalen Öffnungen in den Wänden, das große Fenster an der Eingangstür und die Holzbalkendecke). Über dem Eingangsportal sieht man ein Lünettenfragment mit einer zerstückelten *Kreuzabnahme* von Taddeo Gaddi aus den ersten Jahren des 14. Jahrhunderts, während an der rechten Wand das große *Kruzifix* (vor 1284 entstanden, aber 1288 sicher nachgewiesen) von Cimabue (1240-1302) hängt, einem Künstler, von dem sehr wenig bekannt ist, auch wenn Dante ihn als den größten Vertreter der Malerei vor Giotto anführt (er wird 1272 in Rom erwähnt und 1301-02 noch einmal im Zusammenhang mit den Arbeiten in der Apsis im Dom zu Pisa).

Cimabue nimmt im Rahmen der italienischen Malerei jedoch eine herausragende Stellung ein, insofern als sein Werk für die Maler des 14. Jahrhunderts, und damit auch für Giotto, wegweisend gewesen ist. So hatte er sich, ebenso wie Nicola Pisano und Arnolfo di Cambio, in seinen Werken nunmehr ganz von byzantinischen Einflüssen gelöst. In der künstlerischen Laufbahn Cimabues - auch wenn sie uns nur bruchstückhaft überkommen ist - nimmt das Kruzifix von Santa Croce, das bei der Überschwemmung stark beschädigt und zumindest in seinen wesentlichen Bestandteilen größtenteils wiederhergestellt werden konnte, zweifellos eine wichtige Stellung ein. Nach wie vor erkennbar ist die äußerste Hingabe, die der Körper des ans Kreuz geschlagenen Christus zum Ausdruck bringt, eine "überdimensionale Gestalt ohne Rückgrat, völlig hingegeben in unendlicher Langmut ... ein Körper von annormaler Länge, der sich in den Hüften verbreitert und eine fast frauliche Form annimmt" (Bellosi). Für welchen Standort in der Basilika dieses große Kruzifix bestimmt war, ist umstritten. Tatsächlich wanderte es im Laufe der Jahrhunderte von einer Stelle zur anderen im Kirchengebäude, bis es infolge der Mode und des sich wandelnden Zeitgeschmacks unter der Loggia des Ersten Kreuzganges auftauchte. Ein Stück weiter im Saal, neben dem Kruzifix, ein abgelöstes Fresko mit der *Ankunft der Minoritenbrüder in Florenz* von Giovanni del Biondo (1356-1398), eine vom ikonographischen Standpunkt aus interessante Darstellung, die über die Stadtgeschichte von Florenz Auskunft gibt. Nach den *Quellen der Franziskaner* kamen im Winter 1209 zwei Mönche in der Stadt an, die aufgrund ihres strengen Armutsgelübdes im Dom das Almosen verweigerten und damit ein bewundernswertes Beispiel der Nachfolge Christi gaben. Das Fresko ist sehr interessant, da es eine der frühesten Wiedergaben des Baptisteriums San Giovanni und der Kathedrale Santa Maria del Fiore zeigt. Die Rückwand des Saales nehmen das *Kruzifix mit dem Lebensbaum* (Mitte) und das *Letzte Abendmahl* (unten) ein, alles Fresken von Taddeo Gaddi (die allerdings im Laufe der Jahrhunderte stark restauriert wurden), der sich dem Stil Giottos sehr nähert. Auch bei der Darstellung des *Lebensbaumes* handelt es sich um die Erläuterung eines theologischen Textes aus dem Mittelalter, in diesem Fall um eine Schrift des hl. Bonaventura (er erscheint zu Füßen des Kreuzes mit einer Feder in der Hand), die den Titel *Das Holz des Lebens* trägt und in der die einzelnen Hierarchien mit den Figuren der Propheten, Evangelisten usw. aufgezählt sind. An den Seiten Szenen aus dem Leben *Christi* und von *Heiligen* (Hl. Benedikt, Hl. Franziskus, Hl. Ludwig von Toulouse).

An der linken Wand sind verschiedene Darstellungen von Orcagna zu sehen (bemerkenswert die Fragmente mit dem *Triumph des Todes* und dem *Jüngsten Gericht* - das zweite Fresko - wo in der Episode der Hölle auch Prälaten verurteilt werden); in einer anschließenden Nische, deren Vorbild in einem Tabernakel in der Kirche Orsanmichele zu suchen ist, steht die von Donatello 1424 ausgeführte vergoldete Bronzestatue des *Hl. Ludwig von Toulouse*, eine der ersten Bronzegüsse nach der Antike. Der *hl. Ludwig* wurde vermutlich um 1460 nach Santa Croce überstellt und blieb dort am Außenbau über dem Hauptportal, bis zur Neugestaltung der Fassade im 19. Jahrhundert. Vasari, der diese Statue als "plump und vielleicht als das am wenigsten gelungene Werk, das Donato [Donatello] je ausgeführt hat" bezeichnete, teilte seine Ansicht mit vielen anderen Kunsthistorikern, auch wenn die von Donatello verwirklichte Komposition das Ergebnis eines gut durchdachten Entwurfs ist. Die Figur des Heiligen dreht sich gewissermaßen um sich selbst, indem sie sich auf den Hirtenstab in der rechten Hand stützt und dabei eine extrem langsame Bewegung vollführt, die durch den Faltenwurf des Umhangs links und des ausgebreiteten Saumes rechts noch hervorgehoben wird. Eine Bewegung, die durch die diagonale Achse des Hirtenstabs unterstrichen wird, während das Gesicht des Heiligen von einer tiefen, stillen Ekstase ergriffen wird, die zur Dynamik seines Körpers einen starken Gegensatz bildet. Von außergewöhnlichem Interesse ist der obere Teil des Hirtenstabs, für

Vorausgehende Seite: *Fresken* von Taddeo Gaddi: *Kruzifix mit Lebensbaum* und das *Letzte Abendmahl* (unten)

Nebenstehend: *der Hl. Ludwig von Toulouse*, Figur aus vergoldeter Bronze von Donatello. Gegenüberstehende Seite (oben): *das Jüngste Gericht* und (unten) *Triumph des Todes* (Detail) von Andrea Orcagna

dessen Entwurf Donatello einen Typus wählte, der einem Gebäude mit Zentralgrundriß gleicht, genau wie Brunelleschis Laterne auf der Kuppel von Santa Maria del Fiore oder die Rotonda von Santa Maria degli Angeli, die ebenfalls von Brunelleschi stammt. Auch hier kann man, wie bei den meisten skulptierten beziehungsweise dreidimensionalen, Gebäudemodellen nicht ausschließen, daß der Künstler den Rat eines Architekten eingeholt hat, der in diesem Fall möglicherweise Brunelleschi war.

Neben der Eingangstür zum **Zweiten Saal** befindet sich das abgelöste Fresko *Der hl. Franziskus und Johannes d. Täufer* von Domenico Veneziano, einem Maler, der unter dem gönnerhaften Schutz des Piero dei Medici, Sohn Cosimos, stand. Das Fresko, das wie die *Verkündigung* von Donatello aus der Cappella Cavalcanti stammt, zeichnet sich durch eine zarte Farbgebung aus, deren leuchtende Tonalitäten die typisch venezianische Malweise offenbaren, von der sich der Künstler auch in seinen Florentiner Werken nicht trennen kann.

Der hl. Franz v. Assisi und Johannes d. Täufer von Domenico Veneziano

Im Zwickel über der Tür erscheint oben in einem Tondo der *Prophet David*, ein dem Kreis des Andrea Orcagna zugeschriebenes Fresko, und in der Lünette die *Marienkrönung*, ein hervorragendes Werk, das die Kunsthistoriker anfänglich mit Giotto in Verbindung brachten, das heute aber Maso di Banco (1320-1350) zugeschrieben wird.

ZWEITER SAAL

Links: abgelöstes Fresko *Madonna mit spielendem Jesuskind*, möglicherweise von Gherardo Starnina (um 1350-1413); an der Rückwand *Der sterbende hl. Franziskus teilt Brot an die Brüder aus*, ein Werk von Jacopo Ligozzi (1547-1626); und Fragmente von farbigen Kirchenfenstern, unter anderem *Heilige und Diakone*, die einem Giotto sehr nahestehenden Künstler zugeschrieben werden. In der Mitte des **Saales** sind die Terrakotta-Reliefs zu sehen, die nach der jüngsten Restaurierung von der Spitze der Ädikula mit der *Verkündigung Cavalcanti* von Donatello abgenommen wurden.

Reliquiarbüste der Seligen Umiliana dei Cerchi, eine Arbeit aus der Werkstatt des Orcagna; unten: *Büste eines Heiligen,* schwarze Zeichnung auf Verputz, Donatello zugeschrieben

DRITTER SAAL

Der **Dritte Saal** besteht aus der ehemaligen Cappella Cerchi, die im Trecento im Auftrag des Frante Arrigo, eines Verwandten der seligen Umiliana dei Cerchi, erbaut wurde; diese Selige war eine außergewöhnliche franziskanische Tertiarin aus Florenz, die 1246 verstorben war. Heute birgt die vollkommen umgebaute Kapelle in der Mitte eine wunderschöne *Reliquiarbüste* (1360) aus der Werkstatt des Orcagna, die auf diese Selige Bezug nimmt. An den Wänden eine Reihe von verglasten farbigen Terrakotten aus der Werkstatt der Della Robbia, die ursprünglich als Antependien oder Altar-Predellen entstanden waren.

VIERTER SAAL

Sehr sehenswert sind einige sinopienartige, schwarze Zeichnungen, die vom Verputz der Pazzi-Kapelle abgelöst wurden; sie weisen darauf hin, daß man zu einem bestimmten Zeitpunkt (der jedoch nicht bekannt ist) daran gedacht hatte, die gegenwärtig nackten Wände der Kapelle mit Fresken zu schmücken. Es wurde sogar behauptet, daß es sich um Proben handelt, die Donatello vorgenommen hat. Es folgen weitere abgenommene Fresken, die auf das 15. Jahrhundert datierbar sind.

Grab des Gastone della Torre (Detail), Bischof von Aquileia, ein Werk von Tino da Camaino

FÜNFTER SAAL

Der Saal wird von den Resten einiger Marmorgräber des 14. Jahrhunderts eingenommen, von denen das fast vollständig erhaltene *Grab an der Rückwand für Gastone della Torre, Bischof von Aquileia*, von Tino da Camaino (1280-1337) erwähnenswert ist. Das Monument zeigt, wie nahe der Bildhauer der zeitgenössischen sienesischen Malerei des Ambrogio Lorenzetti steht. Die flächigen malerischen Akzente bilden einen eklatanten Gegensatz zu dem plastischen und volumetrischen Stil Giovanni Pisanos. Das kurz nach 1318 entstandene Grab aus weißem Marmor stand ursprünglich im rechten Seitenschiff der Basilika und wurde dann im 16. Jahrhundert und später noch mehrmals zerlegt. Dabei hat das Monument stark gelitten, und einige Teile gingen verloren.

SECHSTER SAAL

Hier sind abgelöste Fresken zu sehen, die auf das 17. und 18. Jahrhundert zurückgehen und aus abgetragenen Gebäuden des ehemaligen Zentrums von Florenz des 19. Jahrhunderts stammen; darunter eine *Darstellung Jesus am Ölberg und Magdalena*, möglicherweise von Matteo Roselli etwa aus dem Jahr 1615.

Jesus am Ölberg und Magdalena, Matteo Rosselli zugeschrieben

ZWEITER ODER GROSSER KREUZGANG

Nach Verlassen des Museums betritt man rechts den Großen Kreuzgang, der 1453 vermutlich von Bernardo Rossellino in einem traditionellen Baustil fertiggestellt wurde, bei dem die Säulen durch Rundbögen miteinander verbunden sind und der den Kontrast zu der in Form und Entwurf absolut neuartigen Lösung des Portikus mit Gebälk an der benachbarten Pazzi-Kapelle noch deutlicher erkennen läßt. Der Kreuzgang wird aus einem quadratischen Raum mit umlaufendem, zweistöckigem Säulengang gebildet, dessen obere Ordnung aus schlanken, mit Pietra Serena gebauten Säulen bestehen, die das weit vorspringende Dach tragen.

Auf dem Rückweg zum Ersten Kreuzgang geht man durch ein großes Portal, das Benedetto da Maiano in starker Anlehnung an den Stil Albertis um 1450 verwirklichte. An der Rückseite befindet sich die Cappella Pazzi.

Vorausgehende Seite und
oben: *Großer Kreuzgang*

DIE PAZZI-KAPELLE

Im Jahre 1429 beschlossen die Pazzi, eine der reichsten und von den Medici sehr gefürchteten Familien der Stadt, diese Kapelle zu bauen. Zwischen 1430 und 1433 wurde Brunelleschi mit dem Bau beauftragt, aber bei seinem Tod 1446 lag die Fertigstellung des Komplexes noch in weiter Ferne, und 1473 waren noch nicht alle Einzelheiten vollendet. Dies führte zu der Annahme, daß das von Brunelleschi für die Kapelle erstellte Modell nur zu einem kleinen Teil (möglicherweise nur die Planimetrie) als Vorbild diente, wogegen vor allem im Zusammenhang mit der Fassade und bestimmten dekorativen Lösungen in jüngerer Zeit der Name Michelozzo genannt wurde. Eine tiefergreifende Interpretation läßt vermuten, zumindest was die Fertigstellung der Fassade betrifft - daß Leon Battista Alberti mit Ratschlägen zur Seite stand, wobei Bernardo Rossellino die Arbeiten des künstlerischen Teils leitete und Michelozzo für die Bauleitung verantwortlich zeichnete.

Insbesondere zeigt die Außenfassade, die von Handwerkern Rossellinos ausgeführt wurde (Rossellino war ein sehr enger Mitarbeiter Albertis) einen ungewöhnlichen Aufbau mit sechs korinthischen Säulen, die im Unterschied zu herkömmlichen Vorstellungen keine Bögen tragen, sondern ein lineares Gebälk, das nur in der Mitte durch eine Arkade unterbrochen wird (diese Konstruktion nach klassischem Vorbild erhält später die Bezeichnung 'syrischer Fries'). Es handelt sich um die Übernahme eines Motivs, das Münzen und Ruinen entnommen ist, etwa dem Triumphbogen von Orange in Frankreich oder der Villa Hadriana in Tivoli. Eine solche Komposition findet man schon bei Donatello in seinem Entwurf für das Paduaner Relief *Das Wunder des herzlosen Geizigen*, das für den Altar des Heiligen bestimmt war und das sich wiederum von der Fassade des Peristyls im Diokletianpalast in Split (Split war, wie Padua, damals venezianisches Herrschaftsgebiet) ableitet. Leon Battista Alberti, der in der letzten Bau-

Vorausgehende Seite: *Pazzi-Kapelle.*
Nebenstehend: *Tondi aus verglaster Terrakotta* von Luca della Robbia; unten: *Innenraum der Kapelle mit Blick zur kleinen Apsis*

Vorausgehende Seite: *Blick in das Kuppelinnere.*
Oben: *zwei farbige Tondi mit den Evangelisten* von Brunelleschi

phase der Pazzi-Kapelle bereits ein enger Freund Donatellos war, verwendete die Konstruktion des syrischen Frieses, wenn auch in abgewandelter Form, an der Fassade der Kirche San Sebastiano in Mantua (um 1460), während der Erbauer des Werkes in Mantua, Luca Fancello, im gleichen Jahr in Florenz weilte. Aus diesen wenigen Hinweisen läßt sich schon entnehmen, daß der Portikus der Pazzi-Kapelle nicht auf Brunelleschi zurückgeht, der sich zu keiner Zeit eines syrischen Frieses bedient, noch auf Michelozzo, der ihn ebenfalls nie angewandt hat, sondern daß dieses Bauelement eher dem kulturellen Umfeld Donatellos, Albertis und Rossellinos angehört.

Der Fries, der die Portikusebene mit der oberen Zone verbindet, ist mit einer Reihe von Tondi geschmückt; die darin enthaltenen Cherubin-Köpfe werden Desiderio da Settignano und Schülern Donatellos zugeschrieben, während die kleine Kuppel auf dem Mittelteil der mit seitlichen Tonnengewölben ausgestatteten Säulenhalle (Pronaos) Tondi und kleine Fensterrosen aus verglaster Terrakotta von Luca della Robbia aufweist. Andrea della Robbia schuf das Tondo mit dem Heiligen Andreas über dem Eingang der Kapelle, während die prunkvollen bronzenen Türflügel ein Werk von Giuliano da Maiano sind.
Das in der Raumaufteilung der Kapelle erkennbare Prinzip ist das gleiche wie bei der Alten Sakristei in San Lorenzo und beweist, daß Brunelleschi in der Anfangsphase dieses Unternehmens in Santa Croce mitbeteiligt war: zwei Räume, ein größerer und ein kleinerer (Apsis), die miteinander verbunden sind. Zur Hervorhebung der vier sich entsprechenden Seiten des rechteckigen Hauptraumes und in der Absicht, diesen quadratisch erscheinen zu lassen, schuf man an allen vier Wänden eine große doppelte Arkade, die auf Lisenen (eine Art vorkragender Wandpfeiler) ruht. Den Wandschmuck zwischen den Lisenen bildet eine Reihe von Tondi aus verglaster Terrakotta mit den Zwölf Aposteln von Luca della Robbia, wogegen die Zwickel unter der (1461 gebauten) Hauptkuppel weitere vier farbige Tondi mit den Vier Evangelisten enthalten; unter jedem Rundbild erscheinen zwei Delphine, die Wappentiere der Familie Pazzi. Die Querachsen zwischen den Lisenen sind im Fußboden an der Differenzierung der Materialien (weiße Marmorstreifen in roten Backsteinfeldern; hier sei erwähnt, daß Alberti in seiner Abhandlung darauf hinwies, daß im Zusammenhang mit altrömischen Gebäuden "die Verwendung von Fußböden aus gebrannter Tonerde" gelobt wurde) ablesbar, so daß die Proportionen der Raumkonstruktion unmittelbar erkennbar sind. Die umlaufende Steinbank war für die Sitzungen des Klosterkapitels gedacht und bildet eine Art verbindenden Sockel, von dem die Lisenen ausgehen.

Vorausgehende Seite: *das Gewölbe der Vorhalle*, ein Werk von Luca della Robbia. Unten links: *Kirchenfenster mit heiligem Papst* von Giotto; *Kirchenfenster mit heiligem Pontifex* von Alessio Badovinetti, Museo di Santa Croce

Literaturnachweis

M. FRANCHI, Santa Croce, Florenz, ohne Datum
N. MENCHERINI, Santa Croce in Florenz, Reminiszenzen und Dokumente, Florenz, 1929
E. MICHELETTI, Santa Croce, Florenz 1982
Der Komplex von Santa Croce, Text von U. BALDINI, Florenz, 1983
M. FERRARA, F. QUINTERIO, Michelozzo di Bartolomeo, Florenz, 1984
Santa Croce im 19. Jahrhundert, Katalog mit Texten von M. MAFFIOLI, Florenz, 1986
S. FEI, Die städtebauliche Entwicklung des Stadtteils Santa Croce von ihren Anfängen bis heute, Florenz, 1986
G. MOROLLI, Donatello: Architekturbilder, Florenz, 1987
G. MOROLLI, Florenz und der Klassizismus. Ein problematisches Verhältnis, Florenz, 1987

INHALT

Historischer Überblick,, ...Seite 3	Cappella Bardi *oder Cappella di San Silvestro*. Seite 72
Der Platz . . . . » 5	Cappella Niccolini . . . . » 74
Der Bau der Fassade im 19. Jahrhundert . . . . » 7	Linker Querschiffarm:
Beschreibung . . . . » 9	Cappella Bardi *(di Vernio)* . . . . » 77
Der Kampanile . . . . » 12	Cappella Salviati *oder Cappella di San Lorenzo* » 78
Das Innere . . . . » 13	Linkes Schiff:
Kirchenfenster . . . . » 16	Monument für Raffaello Morghen . . . . » 79
Madonna del Latte *oder*	Monument für Leon Battista Alberti . . . . » 80
Madonna della Mandorla . . . . » 18	Sechster Altar . . . . » 80
Rechte Seitenschiffwand:	Monument für Carlo Marsuppini . . . . » 81
Erster Altar . . . . » 18	Nebenausgang und Nördliche Loggia . . . . . . » 83
Grabmal für Michelangelo . . . . » 21	Fünfter Altar . . . . » 83
Zweiter Altar . . . . » 21	Pietà *von Bronzino* . . . . » 84
Kenotaph für Dante . . . . » 22	Monument für Angelo Tavanti . . . . » 84
Grabmonument für Vittorio Alfieri . . . . » 23	VierterAltar . . . . » 84
Kanzel von Benedetto da Maiano . . . . » 25	Dritter Altar . . . . » 84
Grabmonument für Niccolò Machiavelli . . . . » 27	Zweiter Altar . . . . » 86
Verkündigung von Donatello *oder*	Grab für Galileo Galilei . . . . » 86
Verkündigung Cavalcanti . . . . » 29	Kreuzigung, Himmelfahrt und Jesus erscheint
Grabmal für Leonardo Bruni . . . . » 31	seiner Mutter . . . . » 88
Grabmal für Gioacchino Rossini . . . . » 31	Erster Altar . . . . » 88
Sechster Altar . . . . » 33	Innenfassade . . . . » 88
Grabmal für Ugo Foscolo . . . . » 33	Grabmal für Gino Capponi . . . . » 88
Rechter Querschiffarm:	Chiostro Maggiore . . . . » 91
Cappella Castellani . . . . » 34	Museo dell'Opera di Santa Croce . . . . » 92
Cappella Baroncelli . . . . » 36	Erster Saal . . . . » 92
Sakristei . . . . » 42	Zweiter Saal . . . . » 98
Eingangsportal zum Corridoio del Noviziato . » 42	Dritter Saal . . . . » 99
Zugang zur Sakristei und Novizenkapelle . . . . » 42	Vierter Saal . . . . » 99
Cappella Rinuccini . . . . » 47	Fünfter Saal . . . . » 100
Novizentrakt des Klosters . . . . » 49	Sechster Saal . . . . » 100
Novizenkapelle *oder Cappella dei Medici* . . . . » 50	Zweiter oder Großer Kreuzgang . . . . » 101
Kapellen an der Kopfseite des Querschiffs:	Pazzi-Kapelle . . . . » 103
Cappella Velluti *oder Cappella di San Michele*. » 51	
Cappella Calderini *oder Cappella Riccardi* . . . . » 52	
Cappella Giugni *oder Cappella Bonaparte* . . . . » 53	
Cappella Peruzzi . . . . » 55	
Cappella Bardi . . . . » 58	
Cappella Maggiore (Chorkapelle) . . . . » 65	
Cappella Tolosini *oder Cappella Spinelli* . . . . . » 68	
Cappella Benci *oder Cappella Capponi* . . . . . . » 68	
Cappella Ricasoli . . . . » 70	
Cappella Bardi di Libertà *oder Pulci-Beraldi* . . » 70	

Der Verlag dankt den Franziskanerbrüdern der Basilika Santa Croce und der "Lederschule" im Kloster Santa Croce für die freundliche Genehmigung und Zusammenarbeit.

© Copyright 1997 by Bonechi Edizioni "Il Turismo" S.r.l
Via dei Rustici, 5-50122 Firenze (Florenz)
Tel.+39 (55) 239.82.24/25 - Fax +39 (55) 21.63.66
E-mail address: barbara @ bonechi.com / bbonechi@dada.it
Druck in Italien
Alle Rechte vorbehalten

Umschlaggestaltung: Claudia Baggiani
Umbruch: Claudia Baggiani und Lorenzo Cerrina
Textüberwachung: Lorena Lazzari
Übersetzung: Heide Marianne Siefert
Fotos: Verlagsarchiv Bonechi Edizioni "Il Turismo" S.r.l. ausgeführt von Paolo Bacherini
 Nicola Grifoni: S. 3,7(unten), 12(oben), 15, 16, 17, 21, 24, 25(oben), 26(oben), 33(unten), 42, 44(unten), 46(unten), 47, 49, 50(unten), 51(unten), 52, 53, 57, 60, 65, 67(unten), 70(oben), 71(oben), 77, 79, 80, 83, 85(unten), 89, 90, 91(unten), 92(oben), 94, 96, 97, 98, 99, 100, 101, 109 und Umschlagrückseite
Fotolithos: La Fotolitografia Florenz
Druck: BO.BA.DO.MA, Florenz
ISBN 88-7204-314-X